KB244390

광장에서 문화를 읽다

광장에서 문화를 읽다

지은이 · 추태화

초판 1쇄 찍은 날 · 2003년 3월 14일

초판 1쇄 펴낸 날 · 2003년 3월 18일

펴낸이 · 김승태

편집장 · 최창숙

편집, 교정 · 박지은, 이영림, 이연희

표지디자인 · 이쥴희

등록번호 · 제2-1349호(1992. 3. 31)

펴낸곳 · 예영커뮤니케이션

　　　　110-616 서울 광화문우체국 사서함 1661

　　　　유통사업부 T. (02)766-7912 F. (02)766-8934

　　　　출판사업부 T. (02)766-8931 F. (02)766-8934

　　　　E-mail : jeyoungedit@chollian.net

ISBN 89 - 8350 - 258-4 (03230)

값 7,000원

■잘못 만들어진 책은 언제든지 교환해 드립니다.

광장에서 문화를 읽다

추태화 지음

예영커뮤니케이션

글머리에

광장에서 문화를 읽다

우리가 살아가는 현대(contemporary age)를 과연 어떻게 표현해야 가장 적절할까. 현대를 정확하게 규정할 수 있는 개념은 아직 불명확한 실정이다. 오히려 너무 많은 정의가 난무하여 사람들을 혼란에 빠뜨리기도 한다.

불확정의 시대(Galbraith), 제3의 물결(A. Toffler), 포스트모더니즘, 포스트해체주의, 디지털 시대, 부조리의 시대, 유목민의 시대, 악마의 세기(J. Attali), 패러다임의 변화(H. Kuhn), 21세기의 쇼크, 현대의 야만성, 원시 시대, 새로운 중세 시대(U. Ecco), 세계화, 국가/국경 없는 시대, 영상의 시대, 감각의 시대, 가상 공간, 버추얼 리얼리티(virtual reality)의 시대, 속도의 시대, 접속의 시대(J. Riffkin), 네트워크의 시대 등등.

한두 가지의 개념으로 현대를 규정한다는 것은 불가능한 일이며, 이러한 시대 한가운데를 살아가는 사람들의 문화를 한두 단어로 표현한다는 것 역시 불가능하다.

문화를 이해하는 일은 '광장'에 나서는 것에서부터 시작된다. 문화는 어느 한 곳에 붙박혀 있는 고정체가 아니라 항상 움직일 태세를 갖추고 있으며, 실제로 유동하고 있는 실체이다. 따라서 현대 문화를 이해하기 위해서는 관찰하는 사람 역시 고정되어 있으면 안 된다는 점을 전제로 해야 한다. 관찰자 자신도 상대적으로 움직이면서 움직이고 있는 상대를 관찰해야 한다는 이중의 어려움이 있지만, 그런 역동적인 상황 속에서도 진실을 발견하는 스릴이 또한 문화 연구의 즐거움이기도 하다. 여기서 하나의 아포리즘을 말해 본다. "문화를 이해하려는 자는 광장으로 나서라." 또는 이렇게 말해 보면 어떨까. "광장으로 나가지 않는 자는 문화를 말할 자격이 없다."

기독교인들에게 이 시대가 어렵게 느껴지는 이유 중 하나는, 현대가 빠른 속도로 변하고 있기 때문이다. 전통을 고수하려는 기독교의 속성은 보수적 성향을 띠며, 복음의 유일성은 그 본질상 상대화되는 것에 대해 우려한다. 그러나 세상은 급속도로 상대화되어 가고 있다. 무엇보다도 진리와 함께 존재해야 할 인간의 권리, 윤리, 도덕관이 중심에서부터 해체되고 있다. 어떤 이들은 이를 구세대에 대한 반격으로서 당연시하지만 모든 해체가 환영받을 만하지는 않다.

상황이 이러하기에 기독교적인 시각으로 문화를 이해한다는 일은 쉬운 일이 아니다. 대중문화를 그 대상으로 할 때 상황은 더욱 어려워진다. 현재 기독교인들은 사회 구성에 있어서 소수(minority)에 속한다. 우리 나라의 경우 안티 기독교에 편들고 있는 사람들은, 기독교인들이 사회 개방과 흐름에 '딴지를 거는 불량족'이라고 비아냥거리고 있다. 과연 그들이 말하는 것처럼 기독교는 미래 사회로 나아가는 데 방해가 되는 퇴물로 전락하고 있는가?

문화를 이해하는 방법의 차이는 단순히 입장, 시각, 의견의 차이 때문에 생기는 것이 아니라 결국 정신의 차이이며, 믿음의 차이이다. 그래서 문화에 대한 이해의 차이를 쉽게 간과할 수 없는 것이다. 광장에서 문화를 읽는다는 것은 복음을 받아들인 사람들이나 아직 받아들이지 못한 사람들이나, 선입견을 버리고 문제에 대해 객관적으로 접근한다는 것을 뜻한다. 광장은 폐쇄적이고 편협한 공간이 아니다. 누구든지 자신의 옷을 입고 나와 다른 이들을 만나고 이야기할 수 있는 곳이다. 광장에 나온 사람들은 자신을 열기 위해 준비가 되어 있는 사람들이다.

문화에 대해 언급할 때마다 기독교인들은 종종 현대 문화가 '잘못 되었다' 고 비판했고, 비기독교인들은 그 반대편에 섰다. 극단적인 이분법으로 대치하는 상황이 연출되기도 했다. 특히 인간의 욕망을 표현하는 부분에서는 더욱 그랬다. 기독교인들은 기성화된 윤리관을 기준으로 삼았고, 비기독교인들은 무조건적 해방이라는 슬로건으로 대응했다. 그래서 대화가 단절되기 일쑤였다. 여기서 생각해 볼 점은 기독교인들이 고지식한 편견을 수정해야 한다는 것과 비기독교인들이 무책임한 자기방기에 대해 돌아보아야 한다는 것이다. 우리 문화가 바른 궤도를 달려가기 위해 광장으로 나아가는 데 있어서, 먼저 이러한 것들이 전제되어야 한다.

이 책에 모아진 한 편 한 편의 글들은 광장에서 벌어질 활발한 문화 토론을 염두에 두고 쓰여졌다. 필자는 때로 광장의 한가운데서 절규하는 듯한 마음으로, 때로 광장의 한구석에서 속삭이는 듯한 심정으로 문화를 말했다. 문화는 처음부터 '좋다, 나쁘다' 또는 '맞다, 틀렸다' 는 식으로 도식화해서는 바로 이해할 수 없는 미묘한 복합체이다. 문화는 "아니 땐 굴뚝에 연기 나랴" 라는 자세로 다가가서 이리 뜯어보고 저리 훑어봐야 본체를 알 수 있을 정도로 다양한 얼굴을 하고 있다. 이렇게 야누스나 카멜레온같은 문화를 단칼에 정의하는 것은 정당한 이해의 방법이 아니다. 우리가 광장에서 이야기를 나눌 때 문화는 자신의 본질을 드러낼 것이다. 필자의 이러한 속내가 문화에 관해 이야기하기 원하는 독자 여러분들을 광장으로 초대할 수 있기를 기대해 본다.

2003년 깊은 겨울에
수리산 연구실에서
추태화

차 례

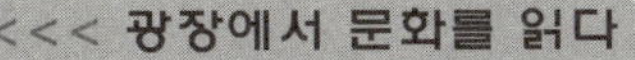 Ⅰ. 문화 읽기 프리즘

문화, 박물관에서 나오다

파도처럼 밀려온 대중문화

문화란 무엇인가?

문화를 정의하는 몇 가지 길들

문화의 성격

1 문화, 박물관에서 나오다

21세기를 문화의 시대라고 말하는 것은 이제 자연스러운 개념이 되었다. 불과 몇십 년 전까지만 하더라도 '문화'라고 하면, 역사책을 떠올리거나 희미한 기억을 더듬었었다. 문화가 과거로의 여행을 의미했기 때문이다. 문화란 매우 특별한 영역의 것으로 인식되었고, 천재적인 상상력과 예술적 완성도를 담보로 하는 오랜 역사의 작품들을 가리킨다고 생각했다. 예를 들면, 베토벤이나 모차르트의 고전 음악, 렘브란트와 고흐의 수준 높은 미술, 또는 우리 나라 선비나 양반들이 읊었던 고전 시가와 한문화 등 실생활과는 동떨어져 있지만 역사적 가치를 갖는 대상을 떠올렸던 것이다. 그래서 문화라고 하면 으레 전통 문화, 고전 문화를 연상하기 일쑤였고, 문화는 박물관이나 전시관에 가야 만날 수 있는 것으로 받아들여졌었다. 한번 상상을 해 보자. 한국 문화라고 하면 사람들은 자동적으로 국립중앙박물관을 연상하게 되고, 그곳에 전시되어 있는 전시물들을 '한국 문화'라고 생각할 것이다.

이렇듯 문화는 오랫동안 웅장한 건물 속에서 은은한 조명을 받으며 철통같은 레이저 감시하에 머물러 있었다. 그리하여 수월히 다가갈 수 없는 고고한 문화재로 상징화되었고, 방문객들이 찾아 주어야 비로소 의미의 긴 잠에서 깨어났다. 마치 루브르 박물관에 전시된 모나리자의 초상이나 국립중앙박물관에 있는 금강여래불상처럼 말이다. 문화는 보통 사람들이 다가가기 힘든 보호 구역에 존재하는 특별한 대상을 지칭하는 것이었기 때문에 문화를 이해하기 위해서는 어려운 백과사전을 뒤적이거나 도서관에서 전공 서적을 신청할 수밖에 없었다. 문화는 우리가 살아가고 있는 시간과 공간으로부터 멀리 떨어진 이물질처럼 보였다. 그래서 문화는, 우리에게 어려운 개념으로 인식되어 왔던 것이다.

2 파도처럼 밀려온 대중문화

그런데 지금은 어떠한가? 문화라는 말을 여기저기에서 마주치는 시대가 되었다. 한마디로 이제 문화는 더 이상 어려운 것이 아니다. 여기서도 문화, 저기서도 문화를 언급하는 세상이다. 이처럼 쉽게 문화를 만날 수 있는 시대가 되었는데, 문화라는 개념에 맞닥뜨릴 때마다 왜 우리는 더 혼란을 느끼는 것일까. 그것은 박물관에서 나와 거추장스러운 과거의 옷을 벗어 던진 문화가, 익숙해지기도 전에 우리에게 밀려들었기 때문이다. 거리와 광장에서 만나는 문화는 결코 어려운 것이 아니다. 이해하는 데도 그렇게 머리가 아프지 않다. 과거처럼 어려운 수식어나 전문 지식으로 치장하고 있지 않기 때문이다. 그러나 혼란스럽다. 한꺼번에 들이닥친 문화가 아직도 제자리를 잡지 못하고 이리저리 방황하듯 움직이기 때문이다. 현재의 문화를 이해하려면, 어떤 문화가 어디서 어떻게 누구에 의해서 만들어지고 유포되었는지 아는 일이 중요하다. 그 맥을 잡는다면 혼란은 서서히 잠재울 수 있다.

이제는 많은 사람들이 손쉽게 문화라는 말을 사용한다. 문화로 만들어진 여러 가지 합성어가 이를 명백히 말해 준다. 때로 이 합성어들은 적절해 보이지 않지만, 사회의 일각에서 의미 부여를 위하여 정착된 용어이니만큼 부정할 수도 없다. 문화와 결합되어 생긴 신종 용어들은 우리 사회가 얼마나 비굴할 정도로 문화에 아부하고 있는지를 처절하게 보여 준다. 먹거리, 음주, 흡연과 같은 일상 생활과 연관된 분야에서부터 쓰레기, 화장실 등의 가려져 있던 영역에 이르기까지, 문화는 다양한 개념들과 결탁하여 수많은 영역에 새로운 의미를 부여하고 있다. 결론부터 말하자면 대중문화는 대중 사회의 출현에서 기인하는 것이다.

3 문화란 무엇인가?

　그렇다면 문화의 정체는 정녕 무엇이란 말인가. 문화를 하나의 관점과 개념으로 설명하기는 어렵다. 인류학자 클럭혼(Kluckhorn)의 연구에 의하면, 문화를 정의하는 수는 무려 160가지가 넘는다고 한다. 문화란 이처럼 매우 광범위한 개념이기 때문에 문화를 생각할 때 혼란을 느끼는 것은 당연하다고 할 수 있다. 그러나 문화를 정의할 때의 기본적인 전제는 '인간이 살아가는 삶의 방식 그 자체'라는 개념이다. 사람이 생활하는 방식은 천편일률적이지 않다. 사람은 상황과 처지, 능력과 기호 등에 따라 고유한 삶의 방식을 형성한다.

　문화는 몇몇 개의 큰 분야, 예를 들면 정치, 경제, 사회, 문화, 종교, 교육, 과학, 예술, 스포츠 등으로 나눌 수 있는데, 각각의 분야들마다 고유한 특성을 지니고 있기 때문에 문화에 접근하는 방법은 그만큼 다양하고 복잡하다고 할 수 있다. 이러한 문화 개념의 다양성 때문에 사람들마다 문화를 인식하는 코드가 다르다. 얼마 전 한 강의중에, 문화라는 단어를 듣고 처음 연상되는 것을 말하게 한 뒤 그것을 분야별로 나누어 보았는데, 어떤 그룹은 음악, 연극, 오페라 등의 예술 장르를, 어떤 그룹은 영화, 가요제 등의 문화 이벤트를,

어떤 그룹은 대중 스타를 떠올렸다. 이와 같은 예는 문화라는 영역이 실제로 뚜렷한 공감대를 기반으로 하고 있지 않음을 보여 주는 것이다. 그렇다면 문화는 체계 있는 구조를 갖고 있지 않은 것일까? 여기서의 요점은 문화가 체계 없는 분야라는 것이 아니라, 그만큼 복합적인 요소로 구성되어 있다는 것이다.

이러한 관점에서 본다면, 우선 민족과 나라마다 독특하고 고유한 양상의 문화를 갖고 있음을 알 수 있다. 몇 가지 실례를 들어보자.

– 영국과 일본, 그리고 태국에서는 차가 좌측통행을 하지만 우리 나라를 비롯한 다른 여러 나라에서는 우측통행을 한다.

– 우리 나라에서는 건물에 4층을 표시할 때 ‘4’ 자를 사용하지 않고 많은 경우 ‘F’ 를 쓴다. 심지어 4층을 아예 표시하지 않는 경우도 있다. ‘4’ 자가 ‘죽을 사(死)’ 자와 발음이 같다는 이유 때문인데, 이러한 샤머니즘적 발상은 우리 문화의 배경에 미신적인 요소가 개입되어 있음을 보여 준다.

– 장례 풍습도 나라마다 다르다. 티벳에는 조장(鳥葬)이라는 장례 풍습이 있다. 사람이 죽으면 매장이나 화장을 하는 것이 일반적인 장례 방법이지만, 티벳에서는 시신을 나눠 새에게 먹이로 준다. 여기에는 ‘우주로 돌려보낸다’, ‘하늘로 날려보낸다’ 는 뜻이 내포되어 있다고 한다. 그 의미를 현실적인 면에서 이해하면 이렇다. 티벳은 고산 지대로서 일년 중 땅이 녹아 있는 날이 그리 많지 않다. 그래서 매장을 위하여 땅을 판다는 것은 쉬운 일이 아니다. 또한 고산 지대의 특성상 매장이나 화장을 하기 위해 나무를 쉽게 구할 수가 없는 것이다.

─ 서양에서는 사람이 죽으면 그 영혼이 하늘나라에서 편히 쉰다고 믿는다. 죽음은 동양의 경우처럼 두려운 경험적 상태로서가 아니라 안식과 평안의 시간에 들어가는 과정으로 여겨진다. 이는 기독교 세계관과 깊은 연관이 있다. 따라서 그들의 공동묘지는 생활 공간과 멀리 떨어져 있지 않다. 교회 정원이나 도시의 한 부분을 공동묘지로 사용하는데, 이곳을 공원처럼 조성하여 꽃과 나무를 심거나 산책하는 공간으로 활용하기도 한다. 죽음과 관해 서구인들은 비교적 평온한 느낌을 갖는다.

그러나 우리 나라는 다르다. 우선 곡부터 한다. 곡은 사자를 저승으로 보내면서 애통해 하는 예식이다. 동양에서의 죽음은 무서움을 동반한다. 죽은 자의 혼령은 산 자들이 있는 곳으로부터 가급적 멀리 있어야 한다. 그래서 공동묘지는 가능하면 생활 공간으로부터 멀리 떨어진 곳에 위치하게 된다. 사자들이 있는 곳은 산책할 만큼 내적으로 여유 있는 공간이 아니다. 전설과 민담에 등장하는 공동묘지가 언제나 음산한 분위기를 연출하는 것은 이 때문이다.

─ 인사 예절도 민족마다 다르다. 러시아 어느 지방에서는 코를 부비고, 유럽인들은 포옹하거나 뺨에 입을 맞추며, 아프리카의 어느 부족은 따귀를 때린다고 한다. 우리 나라는 원래 마주 서서 공손히 허리 숙여 인사하였다. 악수하는 습관은 서구적인 표현이다. 또한 에스키모인들에게는 자신을 방문한 손님의 잠자리에 아내를 들여보내는 것이 예절이라고 한다.

─ 우리 나라에서는 어른들이 귀엽다는 표시로 남자아이들의 '고추'를 보자는 장난을 한다. 그러나 서구 사회에서 이러한 행동은 성도착적인 행동으로 간주되어 사회 문제가 될 수 있다. 실제로 미국

에 거주하는 한국계 노인이 미국 어린아이에게 그러한 표현을 하여 고발된 경우가 있었다.

이와 같이 각기 다른 문화권에서는 각기 다른 형태의 행동, 가치관이 존재한다. 문화는 하나의 사회를 구성하는 각 집단들이 자신들의 정체성을 성, 연령, 계층, 기능, 관계, 기호 등으로 세분화하여 표출하는 삶의 방식이다. 대별하여 보자면 성별로는 남성/여성 문화, 연령별로는 청소년 문화/장년 문화/노인 문화, 계층별로는 상류/중류/하류 사회 문화, 기능별로는 직장 문화/노동 문화/학교 문화/가정 문화 등으로 구분되고, 종교별로는 기독교 문화/불교 문화/유교 문화 등으로, 기호별로는 음식 문화/레저 문화/독서 문화/스포츠 문화/컬처 클럽/매니아 클럽 등등 그 구분이 무한하고 다양하다. 문화 분류의 실상이 이러하니 문화의 고유한 영역을 이해하는 방법 역시 다양하고 복잡하다. 그래서 문화 연구(cultural studies)는 학제간 연구(interdisciplinary study)가 되지 않을 수 없는 것이다. 문화 연구는 문자 그대로 종합 학문이 되어야 한다.

위의 내용들로 문화를 정의하자면 '인간의 활동을 통하여 자연을 적극적으로 개발하고 순화시키는 것과 그 성과'를 말한다고 할 수 있다. 문화는 사람들이 영위하는 삶의 패턴(pattern of life), 라이프 스타일(lifestyle), 의미의 구조(structure of meaning)이다. 문화는 사회 구성원들이 삶을 통하여 형성하는 것이고, 사람들은 자신들이 만든 문화로 의사소통을 하며 살아간다. 문화라는 매개체가 없으면 의미와 질서가 내재하는 사회를 이루어갈 수 없다. 역사, 전통, 관습, 가치관, 도덕 등의 추상적인 가치도 문화라는 소통 구조를 통하

여 서로 기능한다. 따라서 문화는 사람들에 의해 형성된 인간 존재
의 집이라 할 수 있다.

4 문화를 정의하는 몇 가지 길들

문화는 삶의 모든 분야를 표현해 내는 매개체로서 다원적으로 존재한다. 따라서 문화를 이해하기 위한 특수한 방법론이 있어야 한다는 긴장감을 쉽게 떨칠 수 없었다. 이런 자세가 문화에 접근하는 길을 공연히 찾기 어렵게 만든 것도 사실이다. 하지만 문화가 사람들의 삶에서 자연스럽게 형성된 것이라면 이해하는 길도 자연스럽게 찾아질 수 있을 것이다. 결국 처음부터 문화를 이해하는 특수한 방법론을 고집하기보다는 문화 현상에서부터 거꾸로 살펴 들어간다면 이해의 길이 열리게 된다. 문화 연구의 전문가가 아니더라도 문화를 이해하는 통로는 얼마든지 있다.

기존 학문에 문화를 이해하기 위한 여러 접근 방법이 제시되어 있는데, 각기 고유한 문화 이해를 바탕으로 하고 있다. 그들은 문화 이해를 인간 이해와 연관지어 파악한다. 즉, 문화를 만드는 주체가 인간이므로 인간을 파악한다면 문화도 이해될 수 있다는 입장이다. 따라서 인간을 어떻게 관찰하느냐 하는 시각이 문화를 이해하는 관건이 된다고 할 수 있다. 인문학, 인류학, 사회학, 인간학, 심리학, 커뮤니케이션 등에서 그동안 인간에 대한 이해를 축적해 왔는데, 이는 다시 문화에 대한 접근을 가능케 한다. 여기서 대표되는 몇 가지 정의를 살펴본다.

– 인문학적 접근은, 고전적인 학문인 철학이나 문학과 같은 휴머니즘을 토대로 한다. 인간의 능력 가운데 언어와 상상력을 발휘하는 것이 가장 인간다운 행위라는 이해이다. 이로서 인간은 내적 정신을 발현하고 고도의 형이상학적 관념의 세계를 구축한다. 인간은 만물의 영장으로 진선미(眞善美)의 이상적 세계를 실현할 수 있는 존재이다. 문화는 진선미를 이루는 과정이자 그 결과이다. 문화는 인간의 정신이 이루어내는 결정체이자 역사와 사회를 발전시킬 수 있는 운동력이다. 인문학은 문화를 이상적인 상태로 바라보면서 문화주의를 지지한다.

그 중 평론가 매슈 아놀드(Matthew Arnold)의 정의는 전형적인 것이라고 할 수 있다. "문화란 우리와 가장 관계가 있는 것과 세상에서 지금까지 말해지고 생각되어진 것 중에서 가장 좋은 것을 앎으로 인류 전체의 완전을 추구하는 것이다." 노벨문학상 수상 작가인 엘리엇(T. S. Eliot) 역시 인문학적인 견지에서 문화를 비평한다. "문화란 인간의 행복을 조장하는 것이며, 결국 인간 사회의 전체적인 면에서 다루어야 한다."

– 문화인류학(cultural anthropology)적 접근은 기존 문명에 오염되지 않은 종족을 연구하는 인류학자들의 방법이다. 순수한 문화로부터 인간 집단의 관습, 전통, 습관적 행위, 가치관 등을 도출해낸 인류학자들은 문화를 무엇보다도 한 집단의 전체로 파악한다.

대표적 학자인 타일러(Sir Edward Tylor)는 문화를 이렇게 규정한다. "문화는 지식, 신앙, 예술, 도덕, 법, 관습 그리고 사회의 구성원들에 의해서 얻어진 가능성들과 습관들을 포함하는 총체이다." 또한 클럭혼은 "문화는 한 사회 구성원의 총체적인 삶의 방법이요, 개인이 단체로부터 얻은 사회적인 유산이요, 삶에 대한 인간의 설계이다."라고 정의한다.

  ─ 사회학은 "인간의 사회 집단 안에서 이루어지는 사회 생활(social life), 사회 관계(relation), 사회 행동(behavior), 사회 가치관(value) 등을 실증적으로 연구하는 종합 사회과학"으로 정의된다. 이는 한 사회 안에 표현되는 문화의 내용, 체계, 구조 등을 연구함으로써 문화로 구체화되는 사회적 행위와 가치관의 전체를 파악하는 것이다. 인간은 공동체적 삶, 규범, 행동 등으로 구성되는 문화를 통하여 사회화(socialization), 문화화(enculturation)되어 간다.

  문화 연구의 기틀을 마련한 사회과학자 윌리엄스(R. Williams)는 문화를 커뮤니케이션으로 본다. "문화의 커뮤니케이션은 인간 상호 간의 의미와 가치 등을 서로 전달하고 함께 공유하는 과정이다. 문화는 사회 구조의 객관적 한계 아래 인간 주체의 구성적 활동으로 전개되는 전체적인 삶의 방식(whole way of life)으로 파악되어야 한다."

  ─ 인간학(anthropology)적 접근은 동물과는 다른 인간적 특성에서 시작한다. 인간은 육체적 욕구 이외에도 정신적 욕구를 충족시켜야 하는 존재이다. 문화는 인간과 동물을 구분할 수 있는 구분점

이 된다. 인간에 대한 인간학적인 규정은 인간이 문화 창조의 중심에 있음을 주장한다. 또한 인간을 결핍된 존재로 파악하며, 자연 상태에서는 동물보다 열등하다고 본다. 이들에게 있어서는, 결핍된 것을 보완하여 삶을 완성해 가려는 노력이 낳은 결과가 바로 문화이다. 예를 들면 사람은 치타보다 빨리 달리지 못하지만 속도감에 대한 욕구를 해소하기 위해 자동차를 발명하기에 이르렀고, 새처럼 공중을 자유롭게 날 수 없지만 새보다 더 멀리 날 수 있도록 비행기를 고안해 낸 것이다.

다음 몇 가지 요소는 문화 창조자로서의 인간의 조건을 말해 준다.

호모 사피엔스(Homo sapiens): 인간은 언어와 상상력을 사용함으로 문화를 만든다.

호모 루덴스 (Homo ludens): 인간은 유희하는 존재이므로 문화는 유희의 결과이다.

호모 심볼리쿠스(Homo symbolicus): 인간은 대상을 상징적 기호로 만들어 소통한다.

호모 파베르(Homo faber): 인간은 도구를 사용할 줄 아는 존재이므로 문화를 창안한다.

호모 렐리기오수스(Homo religiosus): 인간의 종교성이 문화를 만든다. 신학자 폴 틸리히(P. Tillich)는 "종교는 문화의 본질이고, 문화는 종교의 형식이다"라고 정의함으로써 종교와 문화의 긴밀한 관계를 지적하였다.

호모 이마고 데이(Homo imago dei): 하나님 형상으로서의 인간은 만물을 다스리라는 문화 명령(cultural mandate)을 받았다. "하나님이 그들에게 복을 주시며 그들에게 이르시되 생육하고 번성하여 땅에 충만하라 땅을 정복하라 바다의 고기와 공중의 새와 땅에 움직이는 모든 생물을 다스리라 하시니라."(창 1:28)

5 문화의 성격

문화는 일반적으로 다음과 같은 성격을 띤다.

첫째, 문화는 종교(religion)로부터 영향을 받는다. 틸리히의 말처럼 종교는 문화에 지대한 영향을 끼치고 있는 것이다. 시간과 공간을 막론하고 종교와 종교성은 문화를 형성하는 모태가 된다고 하겠다. 서구는 그리스–로마 문명과 기독교 문명의 영향을 깊이 받았고, 동양은 힌두교, 불교, 유교, 샤머니즘 등의 영향권 아래 있다. 어느 나라든 그 나라의 종교를 관찰해 보면, 세계관, 가치관, 윤리관 등의 많은 요소들을 이해할 수 있게 된다. 그 실례로 막스 베버(M. Weber)의 종교사회학은 종교가 사회에 어떤 영향을 끼쳤는가 하는 것을 광범위하게 연구하고 있다. 특히 프로테스탄티즘은 서구 자본주의에 큰 영향력을 행사하였다고 평가된다.

둘째, 문화는 생성하고 성장, 소멸한다. 문화는 살아 있는 생물체와 같이 움직인다. 한 사회 안에서 언어가 탄생하여 많은 사람들에게 공유되고 사용되다가 사라지는 것처럼, 문화도 그러한 속성을 가지고 있다. 유행어를 보면 이를 쉽게 이해할 수 있다. 계절마다 바뀌는 패션(fashion)도 문화의 가변성을 잘 말해 준다.

문화의 이러한 변환은 가시적인 문화에서뿐만 아니라 비가시적인 문화, 관념적인 세계에서도 일어난다. 유교적인 윤리관이 지배할 때는 "남녀칠세 부동석"이라는 말이 통했지만, 시대가 달라지자 무의미해졌다. 삼강오륜과 같은 도덕률도 현대에 와서는 많이 변질된 것이 사실이다.

셋째, 문화는 사회구성원들의 전통(tradition)과 관습(custom), 삶의 양식(lifestyle)과 상호 관계를 맺는다. 존재의 집으로서의 문화는 그 안에 있는 구성원들에게 영향을 끼친다. 문화는 그 구성원들에게 늘 호흡하는 공기와도 같고, 의사소통의 기능을 하는 언어와도 같다. 문화는 서로 공유하는 것이기 때문에 이를 바탕으로 자신의 생각을 알리고, 다른 사람의 생각을 읽을 수 있다. 따라서 문화는 커뮤니케이션이라고 할 수 있다.

우리 나라에서는 구정이나 추석과 같은 명절에 길이 막히는 줄 뻔히 알면서도 많은 사람들이 고향을 향해 떠난다. 외국인은 그러한 행동을 쉽게 이해하지 못한다. 그러나 한국 사람에게는 당연한 것이다. 이 절기들은 한국인의 고유한 문화이기 때문에 강요하지 않아도 그 절기가 되면 제수 음식과 선물을 마련하여 고향으로 간다. 구정이면 아침에 웃어른들에게 세배를 하고 가족이 모여 식사를 하는데, 이는 한국 공동체에서 빼놓을 수 없는 행사이다. 추석에도 풍성한 결실을 감사하며 가족이 한 자리에 모인다. 또한 조상의 묘소를 찾는 일도 주요한 일정 중 하나이다. 절기 문화는 한국인들이 의미 있는 삶의 양식을 보존하게 하는 기능을 갖고 있다.

넷째, 문화는 특정한 사회 규범(social norm)과 관계 있다. 이런 속성은 문화로 하여금 특정한 행동 양식을 만들어 내게 한다. 남존여비 사상이 농후한 동양권에서는 비윤리적 사건이 발생하면 남성에게는 관대하고, 여성에게는 냉담한 입장을 취한다. 간통 사건과 같은 예에서 제3자가 가질 수 있는 이해는 특히 그러하다. 남성의 경우는 로맨스, 여성의 경우는 불륜으로 간주되는 경향이 있는 것이다. 그래서 이런 사건에서는 여성이 종종 피해자가 되어 책임을 뒤집어쓰기도 한다.

우리 나라의 호주제는 남존여비 사상을 바탕으로 하는 구제도이다. 따라서 현재처럼 가정이 나뉘는 경우가 빈번한 시대에는 친부의 성을 따라야 한다는 법 조항 하나만으로도 여성에게 부수적인 고통이 가중된다.

노동에 관해서도 동양권은 극복해야 할 과제가 많다. 사농공상(士農工商)이라 하여 양반이 일하는 것은 수치로 여겼다. 혹 과거에 급제하여 선비가 되면 손에 흙 묻히는 일을 하지 않는 것이 예사였다. 노동은 '아랫것', '상것' 들이 하는 일로 치부되었기 때문에 진정한 의미의 노동관이 성립되지 못하였던 것이다. 프로테스탄티즘의 윤리관과 자본주의의 관계를 동양의 노동관과 연관지어 생각해 본다면, 동양권에서는 어떤 토착 종교나 가치관이 진정한 노동의 의미를 뿌리내리게 하는 데 오히려 장애가 되었다고 할 수 있다. 이런 배경으로 볼 때, 부모의 직업을 자식에게 물려준다는 의식은 크게 발달할 수 없었다. 우리 나라만 하더라도 노동의 각 분야에서 몇 대째 대를 이어가며 가업을 물려주는 예는 그리 많지 않다. 왜냐하면 '이 직업은 내 대에서 끝내야지' 라는 관념이 지배적이기 때문이다. 직업에 대한 자부심이 적다는 것이 그 이유라고 생각된다.

다섯째, 문화는 기호와 상징으로 나타난다. 문화가 물질을 통해 형성된다는 문화유물론적인 입장을 고수하지 않더라도, 문화는 상당 부분 질료를 통해 드러나고 변형되는 속성을 가지고 있다.

입시철에 등장하는 여러 가지 상품들은 '입시 문화' 라는 부분이 얼마나 극단적으로 상징화, 기호화되어 있는지를 알려 준다. 수험생들이 수능 시험을 치르는 때가 되면 사람들은 수험생을 위해 선물을 준비한다. '의미' 를 전하기 위한 물건들이다. 그런데 이 물건들은 거의 모두 상징화되고 기호화된 것들이기 때문에 액면 그대로 보면 선물의 의미를 이해할 수가 없게 된다. 즉, 수험생들에게 휴지는 '잘 풀어라' 라는 의미이고, 포크는 '잘 찍어라', 거울은 '잘 보아라' 라는 식의 기호적 의미를 갖고 있다.

제17회 한일 월드컵 때 한국 응원단들이 입은 붉은 색깔의 옷은 기호에 관한 좋은 예이다. 한국은 전통적으로 백의민족이라 하여 흰색 옷을 많이 입어 왔다. 흰색은 평화를 상징하는 것이어서 역사상 다른 나라를 침략하지 않았다는 민족의 자부심과도 결부되었던 색깔이었다. 그러나 붉은색은 민속에서 악귀를 물리치는 데 사용되었다. 동지에 팥죽을 끓이는 것도 팥죽이 붉은색을 내기 때문이다. 또한 부적을 붉게 채색하는 것도 악귀를 물리친다는 효험을 믿었던 연유에서다. 더구나 남북 분단의 참혹한 상처를 갖고 있는 우리 나라는 공산주의 이념의 상징인 붉은색에 대해 과민한 콤플렉스를 갖게 되었다. 그렇다면 2002년 6월, 한국의 방방곡곡 모든 거리를 메운 붉은색과 "Be the Reds"라는 문구는 어떻게 이해해야 하는가. 여기서의 붉은색은 샤머니즘적인, 이데올로기적인 그 어떤 것과도 관계없었다. 응원을 위해 국민들이 입었던 붉은색의 옷은 불처럼 활활 타오르는 붉은 열정을 의미한 것이었다. 붉은색이 과거에 어떻게 활용되었는지와는 상관없이 한일 월드컵에서는 고정관념을 깨뜨리고 전혀 새로운 기호와 상징으로 등장한 것이다. 이제 붉은 색은 불안하고, 음산한 악귀적인 분위기를 나타내는 것이 아니라 열정과 환호, 힘찬 함성 등을 의미하는 긍정적인 기호가 되었다.

여섯째, 문화는 생산되고 소비된다. 대중 시대가 도래하기 전에 문화는 삶의 환경이었다. 문화는 시간적인 간격을 두고 서서히 만들어지는 것이므로 수용 과정에서도 자연스러웠다. 하지만 대중 시대가 오고, 문화가 대중의 욕구를 충족시켜 주어야 한다는 새로운 기능을 떠안게 되자 사정이 달라졌다. 문화는 자연스럽게 발생하는 것이 아니라 인공적으로 제작되어지는 생산물이 되었다. 대중이 기다리는 문화는 이제 상품이 되어 대량으로 제작된다. 이른바 대량 복제의 시대가 된 것이다.

음악계를 예로 든다면, 용어부터 경제적 개념으로 변화되었다는 것을 알 수 있다. 어느 가수가 음반을 내면 이를 두고 '음반 시장에 출시했다' 는 표현을 사용한다. 혼신을 다해 부른 노래를 팬들에게 들려주고 내면으로 교감하는 통로로서의 음악 세계를 말하는 것은 시대착오적인 발상인가. 가수가 앨범을 내는 행위를 '음반 시장' 으로 연결시키는 것은 그만큼 대중문화가 상품화되어 간다는 뜻이다.

현대의 문화는 이제 문화 산업(culture industry)에 의해 통제된다. 고독하고 외로운 장인의 길, 혼이 깃든 작품을 위해 고뇌하는 예술가의 삶, 이러한 것들은 대중 시대에 걸맞지 않는 이미지이다. 왜냐하면 거대한 자본을 가진 산업가들이 세련된 사무실에 앉아서 대중의 기호를 분석하고, 대중의 취향을 예견하고, 대중의 성향을 유도해 나가는 문화 상품을 제작하는 시대에 와 있기 때문이다. 문화는 이제 슈퍼마켓에 놓여진 제품들처럼 소비자들의 입맛에 맞게 선택되고 소비된다. 사람들의 체격을 미리 통계로 측정하여 만들어 놓은 기성복처럼 대중문화는 그렇게 대중의 취향을 고려하여 만들어진다. 그런 이유들로 인해 대중문화에 혼이 없고, 인간이 없고, 단지 껍데기와 기교만 있다는 비판이 나오게 되었다.

Ⅱ. 문화에도 권력이 있다

1 문화권력론 (1)
– 아니, 지금 누구 말을 믿으십니까?

학자에 따라 용어의 차이는 있지만 대체적으로 인간이 지나온 역사를 원시 사회, 농경 사회, 산업 사회, 정보 사회로 구분한다. 미래학자 앨빈 토플러(Alvin Toffler)의 연구에서와 같이 현대는 엄청난 물결의 끝자락에서 휘몰아치는 변화의 파도를 타고 변화의 주체들마저 어리둥절할 정도로 빠르게 바뀌어 가고 있다. 한동안 이러한 상황의 심각성을 느끼면서 대처 방안에 대한 여러 가지 논란들이 있었지만, 이제는 어쩐지 위기가 일상이 된 듯 둔감한 반응들 뿐이다. 위기는 기회라며 소망을 북돋우던 그 시기가 벌써 지나갔단 말인가?

M. 베버는 한 사회를 이끄는 관습과 가치관의 가장 중심에 종교가 있다는 이론으로 종교사회학을 세웠다. 그러나 현대 사회가 겪는 변화를 적절히 설명해 주기에는 벌써 낡은 이론이 된 듯하다. 왜냐하면 그가 관심을 기울였던 종교라는 영역이 이제는 사회의 구심점에서 밀려났을 뿐 아니라 각종 해체론에 의해 비판의 대상으로 내몰렸기 때문이다. 베버에 따르면 원시 사회나 농경 사회에서는 종교를 관장했던 사제, 무당, 족장 등이 권력을 가지고 있었다. 그들이 믿는 종교가 곧 법이고 사회 질서를 유지할 수 있는 근거가 되

었다. 그들은 종종 '신들의 이름으로' 권위를 내세웠고, '종족의 명예'를 근거로 공동체를 이끌어 나갔다. 그러나 산업 사회로 진입하면서 농촌 사회는 급속히 도시 사회에 편입하게 되고, 순박하고 순수하기 그지없었던 인간성은 관습과 함께 해체되기에 이른 것이다.

그렇다면 정보 시대를 살아가는 현대인들을 지탱하고 움직이는 것은 무엇인가? 물론 일부 종교인들에게 종교는 아직 힘 있는 권위로 남아 있다. 그러나 사회를 구성하고 있는 익명의 다수 대중들에게는 그렇지 않다. 그들에게 있어서 종교란 마치 슈퍼마켓에 진열된 상품처럼 필요하면 사고 필요 없으면 버리는 가벼운 소모품 정도로 전락하였다. 현대인들은 "종교는 정신의 투영이다"라고 말한 포이에르바하와 "종교는 무의식의 표출이다"라고 말한 프로이트의 후계자들이 되어 가고 있는 것이다. 종교가 든든한 삶의 근거로서의 위상을 박탈당한 시대에 권력을 쥔 자들은 과연 누구인가? 누가 우리를 움직이고 있는가? 종교의 자리, 사제나 족장의 자리, 가문 어르신의 자리, 아버지, 어머니의 자리가 사라졌다면, 이제 우리에게 명령하고 지시하는 권력은 존재하지 않는가? 그렇지 않다. 그 권력은 다른 옷을 입고 우리에게 다가왔다. '문화 권력'이라는 주체가 바로 그것이다. 생김새도 분명치 않고, 그 성격도 파악하기 어려운 문화 권력이 현대인들에게 막강한 힘을 행사하게 된 것이다.

과거 인류는 권력과 갈등의 문제에 있어서 항상 인간을 매개로 하였다. 그러나 오늘날 현대인들은, 소통 가능한 인간이 아닌, 추상적이고 모호한 힘에 굴복하고 있다. 더욱 암담한 일은 문화 권력이 우리에게 대화를 요청하거나, 협상을 하려 하지 않는다는 것이다.

문화 권력은 그것이 어떤 것이든 소비자에게 무제한 써 없애라는

주문을 내릴 뿐이며, 전제주의 시대보다 더 가공할 이데올로기를
주입한다. 어쩌면 우리 시대의 문화 권력은 이미 종교의 자리에 올
라가 있는지도 모른다. 그래서 더욱 예민한 촉각을 곤두세우지 않
을 수 없다.

2 문화권력론 (2)

- 보이는 게 힘이다

백문(百聞)이 불여일견(不如一見)이라는 속담이 있다. 백 번 듣는 것보다 한 번 보는 것이 더 확실하다는 뜻이다. 비록 속담이지만, 이것은 실증주의(positivism)의 가장 기초가 되는 개념이다. 모든 역사와 문명을 자료에 근거해서 파악해 내려는 학문적 공정성, 그 것이 몇 세기 동안 우리 사회를 지배해 왔다. 그러나 눈에 보이는 객관적 자료만 있으면 모든 진리를 역추적하고 산출하여 진리에 도달할 수 있다고 믿었던 역사실증주의도 진리가 무엇인지 파악하지 못하였다. 실증주의에서 시작된 역사낙관론 역시 불과 백 년도 가지 못하고 세계 대전이라는 역사적 상황에 휘말려 침체된 후, 좀처럼 회복의 기미를 찾지 못하고 있다. 그것은 눈에 보이는 증거를 절대시하는 인간 본성의 결론이다.

하지만 인간은 보이는 것을 끊임없이 요구하고 있다. 보는 것이 인간의 본질적 욕구중 하나이기 때문이다. 보아야만 직성이 풀리는 인간을, 인간학에서는 호모 이마기쿠스(homo imagicus)라고 이름 붙인다. 라디오에서 TV로 문명을 전환시켰던 원동력도 바로 호모 이마기쿠스로서의 인간이었다. 눈으로 확인하고 싶어하는 인간의 내적 욕구가 TV를 탄생시킨 것이다.

영화에 와서는 더 무엇을 말할 것인가. 활동사진으로 시작한 영화 산업이 불과 백 년 남짓한 시간에 현대 문화를 대변할 만큼 성장했다. 영화 산업의 부흥은 보는 것에 대한 인간 욕망이 확장된 결과라고 할 수 있다. 영화는 이제 비디오, DVD, 인터넷을 통해 광범위하게 유포되면서 엄청난 볼거리를 제공하고 있다. 그 부가가치가 높기 때문에 영화 산업은 앞으로도 계속 번창하게 될 것이다.

언젠가 세상을 떠들썩하게 만든 비디오 스캔들이 발생했다. 유명 배우의 성애 장면이 세상에 노출된 것이다. 이 사건의 배후에는 돈벌이에 급급한 사람들과 볼거리에 급급한 현대인들의 암묵적인 야합이 있었다. 시선의 욕망으로 가득한 현대인들의 호기심. 그들은 뭔가를 보고 싶어하도록 장치된 현대 문화의 기묘한 유혹에 희생된 것이다.

이러한 영상 매체 이외에도 만화 산업이 일약 약진 중에 있다. 문학 서적이나 전문 서적의 판매는 부진해도 그 내용을 만화로 만들고 나면 날개 돋친 듯 팔려 나가는 경우도 있다. 바야흐로 비주얼 문화의 시대(age of visual culture)가 도래한 것이다. 독특한 상상력을 자랑하는 백남준의 비주얼 아트(visual art)가 세계적인 인기를 끌고 있는 것이 그 증거가 될 수 있을 것이다.

이제는 음악을 들을 때도 조용히 감상만 하지는 않는다. 음악과 영상이 결합된 뮤직 비디오가 끊임없이 쏟아져 나오고 있다. 가수들은 정작 노래보다도 음악 미디어에 어울리는 현장을 찾아다니거나 이미지에 맞는 장면을 고르는 데 많은 정열을 바친다.

지금은 이미지의 시대이다. 이미지가 곳곳에서 유혹의 눈짓을 보내고 있다. 이미지가 결정권을 쥐고 있기 때문에 이미지가 부르는 것은 값이 되고, 이미지가 손을 들어 주는 쪽이 이기게 되었다. 보이는 것이 곧 힘이 되는 이미지 권력의 시대가 열린 것이다. 문제는, 현대인들이 스스로 이미지를 창조하기 보다는 만들어진 이미지를 그대로 수용하는 피동적인 인간으로 변해 간다는 사실이다. 이에 어느 책의 제목처럼 "주체는 죽었는가"라고 반문하지 않을 수 없다.

3 문화권력론 (3)
- 잘 자, 내 꿈 꿔

현대 사회의 특징 중 하나는 사회가 발전할수록 더욱 세분화되고 전문화되어 간다는 것이다. 농경 사회에서는 농민이 농사도 짓고, 농기구도 만들고, 목축업도 하는 등 일인다역이 가능하였다. 그러나 산업 사회로 전환되고, 기술인(Homo technicus)의 역할이 강조되면서 현대인들은 자기 분야 외의 기술은 다룰 수 없다는 기능적 한계를 받아들이지 않으면 안되었다. 서비스 산업이 점점 각광을 받고 있는 것은 당연한 귀결이다. 예전에는 가정에서 자연스럽게 맡아 하던 빨래, 청소, 취사, 육아, 교육 등의 가사 노동을 이제는 서비스업이 분담하기도 한다. 빨래는 세탁소가, 청소는 청소 대행업체가, 취사는 인터넷 주문이나 택배 요리업체가, 육아는 아기방이, 교육은 보습 학원이 대신해 주고 있다.

우리의 일상을 대신해 주는 경우는 여기서 끝나지 않는다. 사회로부터 받는 정신적 스트레스가 점점 강해지다 보니, 현대인들은 내적 열정이나 창조성을 능동적으로 활용하려 하지 않는다. 그들은 스스로 여가 시간을 활용하기 보다는 수동적인 방법으로 레크리에이션을 충족시키려는 욕망을 갖게 된다. 대중문화의 생산자들이 이를 놓칠 리 없다. 욕구가 있는 곳에 수요가 몰리고, 결국 이익은 그곳에서 발생하기 때문이다. 그래서 돈으로 간단히 대리 만족을 얻을 수 있는 방법이 쉬 사라지지 않고 있다.

음악이 주는 대리 만족은 대단하다. 대중 가요의 가사들은 대개 '사랑' 이라는 주제를 노래하고 있다. 다양한 사랑의 색깔을 다양한 감정으로 노래한다. 대중이 느끼고 있는 사랑을 대신 노래해 주어야 하기 때문이다. 사랑을 통해 느끼는 짝사랑, 실연, 외로움, 동경, 배신, 분노 등의 감정은 노래를 타고 사람들에게 속삭이며 그들의 마음을 위로해 준다.

영화는 또 어떠한가. 최근 개봉관에 등장하는 영화를 보면, 멜로성 이야기나, 액션이라는 장르를 내세운 폭력적인 내용이 유행하고 있다. 제작사들은 권태와 무기력에 빠져 있는 현대인들, 특히 남성들의 아드레날린을 자극할 수 있는 소재가 '폭력' 이라는 점을 이용하여 영화를 만든다. 소위 '근질근질' 하던 차에 폭력성 영화는 남성들을 자극하고, 그런 영화들이 흔히 대박을 터뜨리게 되는 것이다.

사적인 은밀한 공간으로 들어가 보면 문제가 더 심각하다. 인터넷상의 각종 성인 사이트와 음란 사이트들. 그들이 대체 어떻게 연명해 가는지 의아하게 생각했던 적이 있다. 그런데 한국 성인의 접속률이 가히 세계적 수준이라고 하니 걱정도 팔자였던 셈이다. 성인들이 왜 그토록 몰려드는가에 대한 대답은 간단하다. 그 사이트들이 대리 만족을 주기 때문이다. 내면에 끓어오르는 성적 욕망을 사이버 공간에서 해소하려는 심리는 급기야 성인 사이트의 비정상적인 폭발 성장을 가져 온 것이다. 사이버 섹스라는 장르까지 생겨난 것을 보면 대리 만족의 욕망은 끝이 없는 듯하다.

문화의 대리 만족 기능은 인간의 내면 세계를 지나 이제는 종교

에까지 그 힘을 뻗치고 있다. 절대자와 그에 대한 신앙조차 문화가
담당하려고 하니 문화의 잠재적 권력이 가공할 상태에까지 와 있다
는 것은 확실하다.

4 문화권력론 (4)

– 뭐니 뭐니 해도 머니(money)가 최고다

사람은 의존적이다. 이 말은 사람이 본래 결코 독자적으로 살 수 없는 존재라는 뜻이다. 살아가기 위해서 공기, 물, 음식이 절대적으로 필요한 것처럼 사람은 무언가에 의존하지 않으면 안 된다. 그 외에도 생명을 보존하기 위한 부수적인 에너지가 필요하다. 돈이란, 다른 말로 하자면 삶에 필요한 에너지를 교환할 수 있는 가치이다. 돈은 혹자가 말하는 것처럼 처음부터 나쁘거나 사악한 것이 아니라 생활을 움직이기 위한 에너지의 다른 형태이자 다른 이름일 뿐이다.

그런데 이 돈이라는 것이 순수한 기능으로만 존재할 수 없다는 데에 인간 사회의 비극이 있다. 삶에 필요한 에너지를 교환할 수 있었던 물물교환 시대를 벗어나자 돈은 탈바꿈하기 시작했다. 돈이 사회의 여러 가치를 대신하게 된 것이다. 돈이 정치 권력을 대변하기도 하고, 사회적 강자의 권리를 보호하기도 하고, 선악을 판결하는 양심에 쐐기를 놓기도 하고, 급기야는 신앙의 자리에 올라 종교적 기능을 수행하기에 이르렀다. 고도로 전문화되고 세분화된 사회에서 돈이야말로 무엇이든 교환하고 취득할 수 있게 만드는 절대적인 유가가치로 떠오르게 된 것이다. 돈의 흐름은 그래서 사람과 사회의 흐름을 암시한다고 할 수 있다.

　M. 베버의 관찰과 같이 청교도적 정신이 결합되어 형성된 자본이라면 또 모르겠지만, 현대와 같이 물신화(物神化)된 사회에서는 자본이 가히 사이비 종교와 같은 성격을 갖는다. 돈의 권력으로 무엇이든 교환할 수 있다는 믿음 때문이다. 그 결과 오늘날 자본주의 사회에서의 개인은 자본 앞에 무기력한 존재가 되었다. 권력의 맛을 본 자본은 더 이상 단순히 교환 가치의 차원에 머물러 있지 않고, '돈 되는 곳'이면 어디로든 움직인다. 이렇게 자본이 이익을 획득하는 곳에서 윤리를 논하는 행위란 무의미한 일처럼 여겨진다. 돈 되는 일에 혈안이 되어 있는 사회에서 이익은 신성한 명제가 되기 때문이다. 문화와 자본이 손을 잡고 문화 자본, 문화 산업의 확장일로에 서 있는 것은 결코 우연한 일이 아니다.

　문화는 어느 산업보다도 부가가치가 높은 분야로 인정받고 있다. 과거에 문화는 수익성이 낮아 일방적으로 육성해야만 하는 분야로 간주되었지만 이제 관점이 바뀌기 시작했다. 다른 어떤 분야보다도, 민족적 정체성을 확보하면서 수익을 올릴 수 있는 분야가 바로 문화라는 것을 인식하게 된 것이다. 바야흐로 문화 자본은 국가적 보호 아래에서 거대한 파워로 성장하기에 이른다. 우리 나라의 경우도 예외는 아니어서 김대중 정부가 출범할 당시 신지식인 운동이라는 기치 아래 모든 지식은 부가가치 생산에 주력해야 한다는 '자본주의식 신(新) 이데올로기'가 주창된 바 있다.

　이제 문화 자본은 이익이 있는 곳에 앞뒤 안 가리고 몰려든다. 영화의 경우가 그 대표적인 예라 할 수 있다. 블록버스터라는 이름으로 홍보되는 영화들은 문화와 자본의 만남을 잘 말해 준다. 불과 10

년 전과 비교해 보더라도 현재 문화에 유입되고 있는 자본은 가히 메가톤급이다. 제작비에 굶주리던 열악한 영화계가 이제는 한 편당 수십 억 원을 모아들일 수 있는 인기 영역으로 부상한 것이다. 그래서 초대형 자본을 투자한 만큼 초대형 이익을 기대하게 된다. 뮤지컬 〈오페라의 유령〉을 우리 나라에 들여오는 데 백 억에 이르는 자본을 투자했다니 그 규모에 놀라지 않을 수 없다. 독립 영화, 연극, 출판, 민속 예술의 분야가 열악한 자본 여건으로 고사 위기에 처해 있는 문화계의 현실을 감안한다면, 그런 유의 문화 자본은 소박한 의미의 시민 문화를 비웃는 문화 제국주의처럼 보인다. 눈먼 문화 자본은 결국 문화의 건강하고 균형 잡힌 성장을 파괴할 수도 있다.

나아가 문화 자본의 위험성은 대중의 욕망을 조작한다는 데 있다. 현대의 소비자에게 문화 상품은 무차별적으로 다가온다. 소비자는 나름대로의 선별 기준을 갖기도 전에 구매를 강요당하는 상황에 처해 있다. 이럴 때 문화 상품은 소비자의 기호와 욕구를 충족시키도록 장치되어져 있기 때문에, 결국 소비자는 선택의 여지 없이 끌려가게 되는 것이다.

자본이 대중의 소비 성향과 욕망을 투영하여 만들어 낸 문화 상품은 결국 문화를 지배하게 되며, 그 문화 안에 거하는 대중 역시 자본에 지배당하게 된다. 자본이 독점하는 문화가 비관적으로 보이는 것은 문화를 통하여 축적되어야 하는 사회의 가치관, 심미안, 정서 등이 거대한 자본 메커니즘에 종속하게 된다는 데 있다. 이러한 경향이 지속된다면 우리 문화계가 마르쿠제의 지적과 같이 '일차원적 인간' 의 일차원적 문화로 퇴색되지 않을까 심히 우려된다.

5 문화권력론 (5)

– 인기가 밥 먹여 주나?

현대가 살기 좋은 시대인 것만은 틀림없다. 서비스 산업의 눈부신 발달로 거의 모든 정보가 신속, 정확하게 전달되기 때문이다. 퀵 서비스는 물건 유통에만 있는 것이 아니라 정보 지식 분야에 더 민감하게 적용되고 있다. 예를 들어, 요즘 들을 만한 노래가 뭐 있나, 요즘 볼 만한 비디오는 뭐가 있나, 요즘 뜨는 배우는 누군가, 요즘 투자할 만한 회사는 어디인가, 심지어 어느 대학에 진학해야 직업 전망이 좋은가 하는 등의 궁금증이 생긴다면 크게 고민할 것이 없다는 말이다. 각 분야에 해당하는 정보지를 들추거나 인터넷 검색을 이용하면 일이 쉽게 해결된다.

주말 베스트 인기 가요 프로그램만 봐도 대중 음악 정보는 충분하다. 일목요연하게 지나간 음악계의 근황과 가수들의 일거수 일투족까지 상세하게 보도해 준다. 모처럼 쉬는 날 볼 만한 영화 비디오? 그것도 걱정할 것 없다. 스포츠 신문 등이 앞다퉈 1위에서 20위까지 대여 순위를 발표해 주기 때문에 세간의 시선을 모은 비디오를 금방 파악할 수 있다. 소설도 마찬가지이고, 만화도 마찬가지이다. 모두가 인기도를 기준으로 선정된 것이다.

인기는 그래서 어떤 가치보다도 우선시된다. 따라서 인기를 얻지 못하면 언제 추락할지 모른다는 통념이 지배하게 된다. 인기는 뭇 사람의 관심을 한데 모으는 당사자의 카리스마에서 나온다. 인기는 당연히 실력과 연륜이 쌓인 데서 나와야 한다. 하지만 세태가 말해 주듯 인기 만능주의는 인기 한탕주의를 부르게 된다. 인기는 돈과 직결되기 때문에 모두가 인기라는 허상에 목을 매고, 결국 인기를 조작하는 음모가 꾸며지기도 한다.

배우가 인기만 얻으면 영화, 드라마 섭외는 따 놓은 당상이다. 인기만 있으면 계약하는 데 있어서 차별 대우를 받지 않는다. 인기는 개런티, 연봉을 일순간에 천장부지로 올려놓는다. 인기가 있으면 VIP 대접을 받을 수 있고, 사단 병력을 거느린 것 같은 파워를 과시할 수 있다. 인기가 대통령 선거 같은 국가 대사에도 막대한 영향을 미치는 것이 요즘 세태이다. 정부의 정책도 인기에 따라 흔들리니 더 말해 무엇하랴.

인기를 목숨처럼 여기는 풍조가 만연하면서 인기를 유지하기 위한 별의별 전략이 다 등장한다. 없는 인기를 만들기 위해 인기도를 조작하기도 하고, 팬클럽을 동원하거나, 매스컴에 아부하여 환심을 사거나, 충격적인 사건을 일으켜 사람들의 이목을 집중시키는 등의 작위적인 방법들에 의해 커튼 뒤에서 인기를 만들어 내고 있는 것이다.

대중 사회에서의 인기는 실제 가치보다 앞선다. "실존은 본질에 선행한다."라고 말했던 사르트르의 판단이 적중한 경우이다. 인기는 과장되거나 조작되거나, 또는 허상일 수 있기 때문에 본질을 제대로 보지 못하게 만든다. 인기로 인하여 사람이나 사건이 충분히 오도될 수 있다는 말이다. 지금과 같은 후기 자본주의 사회에서는 더욱 그렇다. 인기를 사고 파는 시대가 오늘날이 아니던가.

　인기는 연예계에만 국한된 개념은 물론 아니다. 인기는 정치에도 상당한 영향을 미친다. 인기는 곧 헤게모니로 전환되기 때문이다. 일본을 떠들썩하게 했던 고이즈미 총리의 등장에는 고이즈미라는 한 개인이 가지고 있는 정치적 역량만으로 판단할 수 없는 역학 관계가 숨어 있다. 거기에는 과거 정치에 식상하여 신선한 인물을 찾고자 하는 일본 국민들의 욕망과 맞물려 있다. 고이즈미의 극우파적 언변이 먹히는 것은 그의 인기와 밀접한 관계가 있는 것이다.

　대중 사회에는 인기로만 대상을 판단하는 경향이 있다. 얼마나 위험한 발상인가. 히틀러가 그 단적인 예이다. 그는 1930년대 독일 국민 절대 다수의 인기를 업고 총리 자리에 올랐지만, 독일뿐만 아니라 전 세계를 공포의 전쟁으로 몰아넣은 정치가로 군림했다. 세계는 아직도 그 후유증을 앓고 있다. 이는 인기가 낳은 무서운 결과이다. 우리 나라의 정치도 인기와 무관하지 않았다. 역대 정권들은 국민들로부터 인기를 얻기 위해 얼마나 많은 선심성 정책을 감행했던가. 여기서 인기는 대중들에게 영향을 미치는 헤게모니의 차원을 넘어서서 이데올로기로 탈바꿈한다. 국민들이 보낸 지지가 다시 돌아와 국민들을 억압하는 족쇄로 기능했던 시대의 기억이 이를 뒷받침한다.

　본질과 관계없이 만들어진 인기는 결국 비참한 종말을 부른다. 정치에서도 그렇고, 연예계에서도 그렇다. 떨어지는 인기를 견디지 못해 비관 자살까지 하는 연예인들이 있다는 것은 그런 현상을 대변해 준다. 등 돌린 민심을 잡기 위해 안간힘을 쓰는 정권의 행태도 인기의 그러한 속성을 그대로 반영하는 것이라 하겠다.

인기의 본질을 바로 볼 수 있어야 한다. 인기의 정체는 많은 경우 허상이요 허수이다. 인기는 실제 상황과 관계없이 측정되고 통계로 발표되기 때문에 본의 아니게 사람을 속이게 된다. 인기의 비극적 속성이다. 지금은 인기를 관리하고 포장하는 시대이다. 현상의 많은 부분들을 액면 그대로 받아들이기 보다는 그 실체를 파악하려는 노력을 기울여야 할 것이다.

6 문화권력론 (6)
– 반영웅의 시대

세계 문화사에 거대한 지각 변동을 일으킨 사상과 사조(思潮)로는 중세 시대를 벗어나게 한 르네상스와 종교개혁, 세계를 유혈 혁명의 도가니로 몰아 넣었던 공산주의, 그리고 그와는 상반되게 아주 조용히 그러나 무섭게 진행되고 있는 현대의 포스트모더니즘을 들 수 있다. 우리가 살고 있는 사회가 지금 그와 같은 '무혈 혁명' 의 한가운데 있다는 사실은, 그동안 사회를 ·이끌어 오던 가치관들을 살펴 보면 금방 알 수 있다. 예를 들면 '영웅관' 이 그것이다.

과거의 영웅은 민족을 일으키거나 외세로부터 민족을 구원하거나 하는 등의 초능력적인 힘과 권력을 가진 인물이었다. 헤라클레스, 프로메테우스 등과 같은 그리스 신화의 영웅이나 단군, 박혁거세 같은 한국적 영웅이 그런 부류에 속한다. 신화적인 시대가 지나가고 사람의 인지가 발전해 가면서, 과거 전지전능한 존재로서의 영웅은 사회 계층의 한 부분을 이끌어 가는 지도자형 영웅으로 모습을 바꾼다. 이들은 위인이라는 이름으로 백성들에게 추앙받는 자리에 오르게 되지만, 또 한 시대가 지나면서 사회적 엘리트라는 이름의 기능인 취급을 받게 된다.

우리가 사는 이 시대의 영웅은 어떻게 규정할 수 있는가? 우리 시대에 과연 영웅은 존재하는가? 최소한 과거에 유효하였던 영웅관은 유보해야 할 것이다. 외형적으로만 보더라도 과거의 영웅은 기골이 장대하고, 용모가 준수하고, 가문이 훌륭하고, 지혜가 출중하여 뭇사람을 다스릴 수 있는 천부적인 소양을 가지고 있다고 생각되었다. 그러나 이러한 영웅은 거대한 지각 변동과 함께 박물관의 전시물처럼 뒷전으로 물러나고 말았다. 그들은 중국 공산당 홍위병의 문화 혁명에서처럼 철퇴를 맛보아야 했다. 그 무자비한 철퇴는 '죽음'을 의미하는 것이다.

영웅을 죽이고, 영웅이 군림했던 자리에 들어선 것은 과연 누구일까? 적어도 그 후계자들이라면 영웅의 닮은꼴이 아니겠는가? 그러나역전에 역전을 거듭하는 새로운 영웅들이 탄생한다. 이름하여 '반영웅'(antihero)이다. 계몽주의의 합리적 이성에 치이고, 모더니즘의 규격화된 질서에 숨막히고, 전체주의의 억압된 독재 권력에 반감을 가지던 포스트모더니스트들이 만들어 낸 영웅은 전혀 뜻밖의 존재들이다. 과거 영웅의 이미지와는 전혀 닮지 않은 그들을, 우리는 반영웅이라 부른다. 포스트모더니즘의 사고는 뒤집어 보고, 거꾸로 보고, 삐딱하게 보고, 소위 정상적인 시각을 거부하는 데 익숙하다. 패러디, 아이러니, 패러독스 등이 우리 시대의 주된 관찰법이라 해도 과장은 아닐 것이다.

이러한 포스트모더니즘적 영웅은 메시아적 영웅들이 사라지고 난 어느 날 허약한 캐릭터로 그 자리에 등장한다. 한때 인터넷을 떠돌며 많은 젊은이들의 관심을 끌었던 '졸라맨'이 그 한 예이다. 졸라맨은 역할 모델로서의 영웅도 아니며, 신화화된 대상으로서의 영웅도 아니다. 이렇다 할 만한 타당한 근거도 없이 졸라맨은 영웅의 자리에 당당히 서게 되었다. 썰렁한 내용으로 완벽하게 무장된 이 가공의 인물은, 어쩌면 우리들 잠재 의식 속에 있는 어떤 허상을 쏙 빼닮은 것인지도 모른다. 졸라맨의 사이트 접속률이 이를 대변해 주고 있다. 분명한 것은 사람들이 더 이상 제도적 영웅의 지배를 수용하려 하지 않는다는 것이다.

반영웅은 우리 사회의 어두운 구석에서 소외되고 피해 당하던 대상들을 광장으로 끌어내었다. 반영웅의 전략은 그런 면에서 휴머니즘에 가깝다. 반영웅들의 투쟁은 우리 시대의 '난쟁이' 들을 주인공으로 만드는 힘을 과시하고 있다. 그러나 그들이 어떤 속 깊은 메시지나 논리 없이 활동하고 있다는 것, 그 점이 안타깝다. 반영웅들이 사실 우리 시대의 한낱 노리갯감에 지나지 않는 것은 아닐까? 우리 시대의 반영웅에게 공허한 박수 갈채만 보낼 것이 아니라, 그들의 허망한 속마음을 채워 줘야 하지 않을까?

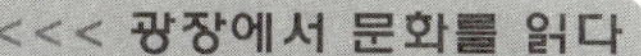

Ⅲ. 대중 스타, 그 안과 밖

대중 스타와 사회심리학

그대들, 진정 혁명의 전사라면 목을 내놓아라

'그 바닥' 이 어떤 바닥인데 대체?

싸이, 제임스 딘(J. Dean)의 자리에서 살펴보기

박진영, 한국 기독교 문화에 도전장을 던지다

1 대중 스타와 사회심리학

시대를 따라 스타의 현상과 의미가 바뀌어 왔다. 스타는 어느 문화학자의 지적처럼 근대 자본주의의 산물만은 아닌 것 같다. 스타는 고대에도 있었다. 그리스-로마 신화에 등장하는 제우스, 아프로디테, 프로메테우스, 큐피드, 디오니소스, 아폴로, 헤라클레스 등의 주인공들이 하나 하나의 스타였다. 신화적 요소가 가미되어 있어서 더 신성하고 신비해 보이기는 하지만, 그들 역시 당대의 '스타' 였던 것이다.

우리의 지난 역사에도 스타는 있었다. 광개토 대왕, 고선지, 김유신, 강감찬, 최영 장군, 이순신 장군 등의 익숙한 이름들이 바로 그것이다. 과거의 스타를, 물론 현재의 스타와 직선적으로 비교할 수는 없지만, 대중의 사랑과 흠모를 한 몸에 받는다는 면에서는 유사점이 있다 하겠다.

과거의 스타와 현재의 스타가 다른 점은 무수히 많이 있지만, 특이한 차이 중 하나는 과거의 스타들이 저 높은 곳에서 고매한 가치나 희생, 또는 불가사의한 행동으로 대중(더 정확하게는 백성이나 민족)을 이끌고 나간 영웅들이었다면, 현재의 스타는 보통 사람보다 조금 더 개발된 능력(흔히들 '끼' 라고 하는)을 소유한 사람들이라는 점이다. 예전의 스타들이 지력과 지혜, 내공과 무공을 겸비한 경우가 많았다면, 현대의 스타들은 연기력, 가창력 등의 재능에 외모와 이미지를 종합한 가공의 인물들이다. 또한 예전의 스타들이 거의 혼자의 힘으로 거대한 위협을 이겨낸 순수 자수성가형이었다면, 현재의 스타들은 이벤트사, 기획사, 엔터테인먼트사 등의 '스타 제조 군단' 없이는 존립이 거의 불가능하다는 점에서 확연히 다르다. 어찌되었든 스타는 과거나 현재나 그들을 추종하는 세력이 있어야 돋보이는 법이다. 그러나 과거와 현재의 추종 세력은 확실히 다르다. 그 이야기를 하자는 것이다.

과거 스타의 추종 세력들은 영웅들의 카리스마에 마음 속 깊이 설복당했다. 그들이 노래를 잘 하는지, 춤을 잘 추는지, 미남인지 아닌지는 아무 문제가 되지 않았다. 잘생긴 얼굴이 아닐수록 오히려 자연적이고 원시적인 힘을 사용하는 괴력의 영웅으로 찬사를 받았을지도 모른다. 그들은 말 그대로 뱃속 깊은 곳에서 우러나오는 카리스마로 사람들을 모아 '선한 길'로 인도했던 것이다. 현재 스타들은 어떠한가. 말이야 카리스마라고 하지만 과연 과거 스타들과 비교할 수 있을까. 그들의 카리스마라고 하는 것이 때로 조작되고, 꾸며진 것이라고 말한다면 너무 심한 지적일까. 대중들은 심지어 그들의 본래 모습과 꾸며진 이미지를 분간하지 못해 혼란스러워하다가, 급기야는 '배신했다, 속였다'고 질타를 퍼붓는다. 이러한 현상은 우리 사회에서 꼬리에 꼬리를 물고 일어나고 있다.

스타와 대중의 관계에 있어서 시대적으로 상이하게 다른 점이 또 있다. 과거의 스타들은 대중과 거의 한 공동체에 한 마음으로 귀속되어 있었다. 현재 스타와 대중과의 관계에서는 상상할 수 없는 끈

끈한 관계였다. 외관상으로 보자면 지금의 팬들이 더 끈끈한 정감
을 스타에게 보내는 것 같지만 실상은 그렇지 않다. 과거 영웅은 대
중들과 진정한 결속을 다질 수 있었지만, 현재의 결속에는 일종의
계약 관계, 이기적인 계약 관계가 내재되어 있다.

　현대 사회로 들어오면서 애완동물이 급격히 늘어났다. 유전자 공
학이 발달한 것도 일조하였지만, 애완동물이 늘어나고 애완동물 센
터가 늘어나는 이유는 실상 사람에게 있다. 심리학적 원인이 있다
는 말이다. 혼란, 아노미, 위협, 카오스 등으로 대변되는 현대 사회
에서 사람들은 소외를 느끼고, 고독을 느낀다. 노력하고 애써 보지
만 누구도 나를 이해해 주는 사람이 없다. 그래서 '나의 진정한 친
구는 누구인가' 하고 자문하게 된다. 애완동물이 환영받는 이유는,
그들이 언제나 필요할 때 거기 있고 언제나 자신의 사랑을 받아 준
다는 데 있다. 집에 돌아오면 반겨 주고, 먹이를 주면 순순히 받아
먹고, 사랑해 주면 반응하고, 내 사랑과 관심을 쏟을 대상이 있다는
데서 마음의 안정을 느낀다.

　현재 우리 사회에서 보여지는 대중과 스타의 관계는 어떠한가.
먼저 말해둘 것은 알게 모르게 이기적인 계약 관계가 성립되어 있
다는 것이다. 우리가 존재하고 있는 공간은 싫든 좋든 후기 자본주
의 사회이다. 이기주의는 현 사회의 한 속성처럼 되어 버렸다. 대중
이 이기적이라는 것은, 결코 대중이 공연히 스타를 좋아하는 것이
아니라는 점을 말해 준다. 대중에게는 속셈이 있다. 무언가 챙기려
는 저의가 있다. 스타의 입장에서도 마찬가지이다. 인기나 이익을
챙기지 않으면 타산이 맞지 않는 것이다. 스타를 통해 자신의 꿈을
투영시키려는 대중의 속셈은 철저하다. 그래서 대중의 상황과 속마

음을 읽어내어 표출하지 않는 스타는 철저하게 외면당한다. 그만큼 대중은 이기적이다. 좀 심하게 표현한다면, 스타가 대중의 가려운 곳을 긁어 주어야만 인기를 선사한다는 말이다. 옛날에는 영웅이 '민족, 정의'라는 명분 하나로 대중을 압도하고 이끌어 갈 수 있었지만, 지금은 철저하게 대중의 욕망과 타협하고 손을 잡아야만 생존이 가능한 시대가 되었다.

여기에서 묘한 심리적 메커니즘이 형성된다. 대중들은 스타를 통해 자신의 욕망, 욕구, 꿈을 실현시키고 실패, 절망, 좌절 등을 극복하고자 한다. 연예 산업이 우리 시대에 인기를 끌고 있는 이유는 바로 좌절된 욕망과 꿈, 실현 불가능한 현실이 무대 공간에서, 드라마와 스크린 공간에서 재현되기 때문이다. 그렇다고 그것을 대리 만족으로 간단히 규정할 수는 없다. 자칫 대리 만족이라는 단어를 부정적으로 만들어 버리는 우를 범할 수 있기 때문이다. 스타들이 연출하는 장면은 단순한 대리 만족의 차원이 아니다. 대중은 연출된 장면을 통하여 한 차원 더 높은 현실의 의미로 나아갈 수 있다. 따라서 연예라는 장르가 마냥 가볍기만 한 소비적 공간으로 기능한다고 볼 수는 없다.

다시 묘한 심리적 메커니즘으로 돌아가 보자. 묘하다는 것은 정말 아이러니컬한 상황이 발생하기 때문이다. 대중이나 스타가 처음부터 그런 이기적인 목적을 가지고 만나는 것은 아니다. 예술 행위란 본질적으로 이기적일 수 없다. 그런데 우리가 살아가고 있는 자본주의적 구조는 우리가 그렇게 '본질'(essence)로만 소통하도록 놔두지 않는다. 묘한 관계는 이 지점에서 출발한다. 대중이 스타의 존재 근거가 된다는 사실 때문에 대중이 스타를 소유하려 든다는 것이다. 대중과 스타의 관계에서 형성된 카리스마는 역전된다. 다시 말하면, 스타의 카리스마를 대중이 향유하는 시기를 지나 대중이 스타에게 카리스마가 되는 것이다. 따라서 스타는 대중에 의해 휘둘리게 된다. 대중이 원하는 노래, 춤, 연기, 공연을 하지 않으면 냉혹할 정도로 외면당하고 만다. 그렇게 함으로써 대중은 스타를 자신의 소유물로 삼는다.

대중은 속으로 이렇게 말한다. '스타는 우리가 만든 것이다.' 나이 어린 팬들로 구성된 팬클럽에 다툼이 자주 일어나는 것은 그런 이유 때문이다. 팬 없이 스타가 존재할 수 없는데, 건방지게 팬들의 바람을 저버린다는 것은 그들에게 있을 수 없는 일이다. 스타는 자신이 대중을 끌어 모은다고 생각하지만 영악한 대중은 그렇게 생각하지 않는다. 스타는 이제 어쩌면 대중의 애완동물 격으로 전락될지도 모른다.

게다가 대중은 스타에게 자신들이 희구하는 고유한 이미지를 투영한다. 그래서 청순형, 가련형, 섹시형, 건강미형, 터프형, 미남형, 열혈형 등등으로 스타를 분류한다. 더욱 기막힌 것은 그 이미지에다가 도덕적, 윤리적 굴레를 씌운다는 것이다. 전형적인 퍼스낼리티 과정이다. 그래서 청순형 스타일의 배우는 결코 삼각 관계에 빠져서는 안 된다. 또한 섹시형 가수는 좀 벗고 나와도 괜찮지만, 청순형의 노출은 용납할 수 없다는 식의 대중 정서가 있는 것이다. 과거 H성을 가진 청순형 탤런트가 최음제 복용과 간통 고소 사건에 휘말리자 여러 신문에서 '내숭'이라는 표현으로 매도한 적이 있었는데, 그러한 표현 자체에 이미 가치 평가가 담겨 있는 것이다.

또 어떤 여자 연예인들의 경우 애인과 성애 장면을 찍은 영상물이 유출되어 사회적 사건으로 비화되었던 일도 몇 차례 있었다. 스타들이 도덕적 평가로 인해 한순간에 무너진 사례들이다. 많은 사람들이 나서서 우리 시대의 병적인 관음증을 고발하기는 했지만, 당사자들과 그 가족, 주변, 그리고 우리 시대의 선량한 시민에게는 치명적인 상처를 안기고 말았다.

스타는 애완동물이 아니다. 그들은 특별한 존재가 아니라 대중과 똑같이 나약한 인간이다. 남들이 소유하지 않은 인기와 평범하지 않은 사생활이 있을 뿐, 그들이 결코 보통 사람과 다르지 않다는 것을 인정해야 한다. 한 사람 한 사람으로서의 대중은 지극히 이성적이지만 대중 전체는 무섭게 원시적인 면이 있다. 대중은 자신이 이루지 못하는 완전한 도덕주의를 스타에게 요구하며, 마치 자신이 구입해 놓은 애완동물이 언제나 자신만을 위해 존재하는 것처럼 스타들에게 사적인 공간을 허용하지 않는 것이다.

연예계에는 여러 가지 스캔들로 물의를 빚는 일들이 종종 일어난다. 그러나 사건이 생길 때마다 대중이 보이는 과잉 반응으로 인해 오히려 문제가 악화되기도 한다. 연예인이 자신을 공인으로 인식하고 행동하는 것도 중요하지만 실수란 어디까지나 개인적인 것이므로 과도하게 몰입하거나 흥분할 필요는 없다. 이제 대중들도 스타와의 객관적 거리를 두고 상식을 회복해야 할 것이다.

스타들은 어떤 의미에서는 우리 사회를 즐겁고 기쁘게 해 주는 존재들이다. 의미를 일깨워 주기도 하고, 삶의 활력을 주기도 한다. 스타들의 연예 활동에 있어서 그러한 긍정적인 측면은 칭찬해 주어야 한다. 그러나 제발 연예인들의 사생활이 우리 사회의 큰 화두를 이끌어 가는 듯한 분위기는 조성되지 않았으면 한다. 우리 사회가

필요로 하는 담론의 중심이 연예가 소식이어서는 안 될 것이다. 대
중이 하루 속히 소모적인 군중 심리를 극복하기를 바란다.

2 그대들, 진정 혁명의 전사라면 목을 내놓아라

제3의 천 년 시대에 들어선 지금, 빛 바랜 낡은 용어들이 있다. 계몽, 정신(Geist), 이성, 변증법(dialectic), 아버지, 역사, 전통 등과 같은 말이 그것이다. 이러한 개념들은 때로 오류를 범하기도 했지만 한 시대, 아니 수백 년 이상 인류 역사를 지탱하는 데 백두대간과 같은 근간이 되어왔다. 그 중에서도 가장 퇴색되어 빛을 잃은 말이 있다면 단연 혁명이라는 말일 것이다. 그러나 혁명이라는 말은 인류 역사에 얼마나 지대한 공을 세웠던가. 잘 알려진 정치적 혁명으로 영국의 명예혁명, 프랑스 혁명, 한국의 4 · 19 혁명 등을 들 수 있고, 사상사에서는 데카르트적 혁명, 칸트적 혁명, 헤겔적 혁명, 마르크스적 혁명, 과학사에서는 코페르니쿠스의 혁명, 뉴턴의 혁명, 아인슈타인의 혁명, 하이젠베르크의 혁명 등의 수도 없이 많은 혁명들이 역사를 이끌어 왔다. 혁명이 없었다면 인류는 아직도 미망의 늪에서 허우적거리며 원시림을 헤매고 있었을지도 모른다.

그런데 이 혁명이 마르크스에 의해 프롤레타리아 혁명으로 대변되자 방향이 달라졌다. 소련의 사회주의 노동자 혁명은 거센 폭풍이 되어 전 세계를 휩쓸기 시작했다. 이로부터 혁명에 피비린내를 풍기는 악마적 성향이 가미되었다. 공산사회주의 혁명이 일어나는 곳이면 어디서나 숙청이 일어났고, 그 결과 엄청난 인명이 비명에 사라지게 되었다. 혁명은 자유와 해방을 내세우고 진군했다. 그러나 그 결과로 얻은 것은 무엇인가. 캄보디아의 킬링 필드를 기억하는가. 주검들이 킬링 필드에 겨울 나뭇잎처럼 흩어지고, 그런 현상은 중남미에서도, 아시아에서도, 아프리카에서도 즐비하게 일어났던 것이다. 공산주의 는 지난 세기 이미 1억 명 이상의 인명을 혁명의 이름으로 희생시켰고, 지금도 세계 곳곳에서 사람들을 위협하고 있다.

이러한 전과 때문에 사람들은 이제 서서히 혁명이라는 단어에서 등을 돌리고 있다. 그 결과 이제 혁명은 과거의 산물이 되었다. 혁명이란 몸서리쳐지는 결과를 낳는 것이라는 경험적 공식이 사람들로 하여금 혁명에서 돌아서게 만든 원인이 되었다. 그리하여 이제는 거대한 혁명, 피를 뿌리는 혁명이 아니라, 부드러운 혁명, 잔잔한 혁명이 반향을 일으키고 있다. 이름하여 게릴라식 치고 빠지기 작전, 즉 소프트 아이스크림과 같은 혁명 전략, 해체 전략이 그것이다. 그 중에서도 제일 가는 것이라면 인파이터 성(性) 담론을 전략으로 사용하는 일이다. '인파이터' 는 상대방을 무너뜨리기 위해 끈질기게 파고드는 전략으로서 강한 펀치보다는 작고 빠른 펀치를 수도 없이 날리는 기술이다. 자신에게 날아오는 펀치를 몇 대 맞아 주면서 다시 끈질기게 파고든다. 결국 상대방이 지치고, 나중에는 신경질까지 나도록 못살게 구는 것이다. 인파이터가 노리는 것이 바로 이 점이다. 상대방이 짜증을 느끼면 게임은 그야말로 자신의 승리인 것이다.

우리 나라에서는 1980년대부터 지금까지 이 전략을 혁명의 무기로 사용하는 자들이 있어왔다. 이들은 때로 대중의 자유와 해방을 위한다는 명분을 내세웠고, 때로는 대중의 억압된 감정을 분출해야 한다고 주장함으로써 '대중의 혁명가'를 자처하였다. 특히 성 담론을 내세워 우리 사회를 위한 '혁명적 행동'의 의미를 획득하고자 했다. 마광수의 『즐거운 사라』, 장정일의 『내게 거짓말을 해봐』, 서갑숙의 『나도 때론 포르노그라피의 주인공이 되고 싶다』 등의 서적들과 홍석천의 동성애 커밍아웃, 트랜스젠더 하리수의 등장, 박지윤의 노래 "성인식", 박진영의 6집 앨범 〈Game〉 등이 대표적인 것이다.

물론 예로 든 위의 내용들과 그로부터 파생된 문화/사회 현상을 한 가지 관점으로만 해석할 수는 없다. - 위의 예는 별개로 다루어야 할 정도로 다원적이며 복잡한 구조를 가지고 있다. 동성애와 트랜스젠더 문제는 더욱 깊이 있는 토의를 요구한다. - 그러나 문제를 압축해 본다면 이들은 한결같이 '성적으로 폐쇄된' 한국 사회를 해방시켜 젊은이들이 자유로운 성을 즐길 수 있도록 해야 하며, 그렇게 해야 한국 사회가 고리타분한 억압에서 벗어나 자유 민주 사회를 이룰 수 있다는 주장을 내세우고 있다. 그리고 이와 같이 성 이데올로기가 불균형적으로 분포된 사회에서 표출된 자신들의 고백은 개인적인 취향과 가치관을 넘어선 하나의 시대적 '혁명'이라고 믿는다. 이들은 자신들의 생각 자체가 혁명이기 때문에 널리 전파되어야 한다는 것을 의심하지 않는다. 이들은 성 이미지의 혁명을 통해서 사회를 개혁해야 한다는 새로운 계몽주의자인 셈이다.

자신의 주장이 옳고 진실된 것이라고 믿었던, 체 게바라를 비롯한 과거의 혁명가들은, 자신의 목을 내놓고 싸웠다. 그들은 자신의 행동을 자신의 생각과 일치시키려고 노력했으며, 그 때문에 사회의 반응에 크게 상관하지 않고 열정으로 불타오를 수 있었다. 그러나 성의 혁명으로 우리 사회를 혁신시키겠다는 이들은 자기 모순적 태도를 가지고 있다. 이들이 보이는 무사안일한 태도는 대체 무엇인가? 사회가 억압되어 있다고 생각하고 그 해방의 일환으로서 성 혁명이 진정 필요하다고 믿는다면 끝까지 목숨이라도 바쳐 이 사회를 자유케 하고 해방시켜야 할 것 아닌가? 몇 마디 비판에 다들 고개 숙이고 숨어들 바에야 처음부터 혁명가인 체 하지 말았어야 했다. 시대를 잘못 타고났다고 변명도 하지 말아야 하며, 사회가 너무 몰지각하다고 투정도 부리지 말아야 했을 것이다. 이들 스스로 "대중은 그만한 성 담론을 이해 못할 정도로 어리석지도 않고, 청소년들도 이미 성숙하다"고 말하는 것처럼, 사회가 냉각된 반응을 보이면 자신들의 과오도 인정하고 돌아보아야 하지 않겠는가? 적어도 진정한 혁명가들은 자신의 행동에 있어서 진지했을 뿐 아니라 책임을 지기 위해 노력했던 것이다.

　과거 혁명은 무기를 사용하여 '적'을 죽이는 잔인한 전쟁이었다. 그러나 오늘의 혁명은 부드러운 전쟁, 피 없는 투쟁이며, 문화 전쟁의 양상으로 나타난다. '부드러운 혁명'을 내세우는 이들의 배후에는 어마어마한 시장이 있다. 출판 시장, 영화 시장, 음반 시장, 문화 시장 등등이 다국적으로 연계되어 있는 것이다. 이 시장에서는 인기와 매력이 최고의 값이다. 그 인기와 매력이 어떤 것이든, 어떻게 만들어지든, 이 시장에서는 묻지 않는 것이 불문율이다. 우리 시대의 성 혁명론자들은 정말 시장과 무관하게 성 혁명을 부르짖고 있는 것일까. 진정한 혁명을 위해, 인류를 위해 자신의 생명을 바치며 혁명 대열에 나섰던 선배들을 진지하게 생각한다면, 이들은 먼저, 우리 사회를 위한 해방이니 예술의 자유니 하는 유치한 변명부터 거두어야 할 것이다. 지금의 행위로서도 혁명을 충분히 욕되게 하고 있으니 말이다.

또한, 진정한 혁명을 원한다면 정정당당하게 '시장(市場)'과 결별해야 한다. 배고픔이 있을지라도 옳은 것을 따라 묵묵히 혁명의 길을 간다면, 필시 대중은 이들을 알아 줄 것이다. 그때 비판으로 인한 고통은 더 이상 문제시되지 않을 것이다.

그대들, 진정한 혁명의 전사로 자처한다면, 파장만 일으키고 숨어 있을 것이 아니라 책임감을 갖고 주장을 지켜내는 성의를 보여 주기 바란다.

3 '그 바닥'이 어떤 바닥인데 대체?

연예가 소식은 종종 우리를 놀라게 한다. 여성 탤런트의 비디오 스캔들, 몇몇 연예인들의 상습적인 필로폰 투약이나 대마초 흡연 등등 사람들의 주목을 받고 있는 소위 '공인'들의 이러한 탈선 행위가 드러날 때마다 사회는 한바탕 소란을 겪는다.

그러나 사람들이 농담처럼 이렇게 말하는 것을 듣게 된다. "그 바닥이 원래 다 그런 것 아닙니까?" 과연 연예계라는 곳이 어떤 곳이기에, 일반적으로 쉽게 용인할 수 없는 종류의 사건들이 그토록 넘쳐나는 것일까. 연예인들이 연루된 음란 비디오, 노출, 기획사 소송 등의 사건들에서부터 그들의 사생활(연애, 결혼, 이혼, 실연, 마약, 폭력, 음주운전, 성폭력 등등)에 이르기까지, 온갖 소재들이 가십거리가 되어 심심치 않게 언론의 지면을 장식한다. 좋은 이야기들도 많은데, 어찌 스포츠 신문들은 그토록 뒷이야기만 코를 킁킁거리면서 좇아 다닌단 말인가. 자식을 위해 뒷바라지하는 연예인도 있고, 저금을 많이 하여 저축상을 탄 연예인도 있고, 불우이웃돕기를 열심히 하는 연예인도 있고, 어떤 연예인들은 복음의 일꾼들이 되기도 하는데, 선정적인 이야기만을 좇아 극대화하는 것이다. 문제의 발단이 일차적으로 연예인 자신들에게 있는 것은 사실이지만 그 바닥이 도대체 어떤 바닥이기에 사회적 물의를 일으키는 사건들을 계속해서 '양산' 하는 것인가?

연예인들은 생활의 기복이 매우 심하다. 일정한 출퇴근 시간이 있는 것이 아니어서 촬영 시간, 공연 시간에 맞춰 쫓기듯 살아간다. 대부분 밤늦게 자고 아침 일찍 일어나며, 남들처럼 자신만의 여유를 가질 시간이 없다. 그들의 삶은 대중의 욕구에 의해 움직여지고 있기 때문에 남들이 쉬는 주말에는 더욱 분주하다.

또한 연예인들은 스트레스가 많다. 인기를 업고 사는 직업이라 매주 바뀌는 인기 차트에 신경이 쓰이는 것은 말할 것도 없다. 인기가 떨어지는 것을 비관하여 자살한 연예인도 있었다. 또한 예술적 완성을 위해서도 부단히 노력해야 하기 때문에 스트레스는 한층 가중된다. 노래면 노래, 연기면 연기, 이렇게 만능 엔터테이너를 요구하는 연예계의 속성상 항상 긴장하고 달려야만 한다. 결국 어떤 연예인들은 질병에 걸리기까지 한다. 신경통, 위장병 등의 물리적 증상 외에도 정신 불안 증세까지 보이는 경우도 있다고 한다. 이토록 만만치 않은 직업이기는 하지만, 한편 단기간에 인기를 얻고 돈을 벌 수 있다는 매력이 있다. 이들은 정상적인 노동의 조건에서 정상적인 노력을 통해 돈을 버는 것이 아니라, 부가가치라는 것을 이용해 돈을 긁어모은다. 그러므로 경제 활동이나 여가 생활에 있어서 일반 노동자들의 경우처럼 규모가 잘 잡히지 않고 쉽게 번 돈이니 쉽게 쓰게 된다. 이러한 가치관은 연예인들이 경제적으로 몰락하는 이유가 되기도 한다.

그래서인지 그들은 불안을 느낀다. 최면제처럼 술을 마시기도 하고, 대마초를 피우기도 하고, 마약을 사용하기도 한다. 운동 선수들이 도핑 검사에 걸리는 것과 비슷한 경우이다. 연기나 공연이 끝나면 그들에게 남겨지는 텅 빈 무대가 공허감과 허탈감을 준다. 환호하던 자들이 떠나고 난 뒤 찾아오는 적막함. 그런 것들을 잊기 위해 향정신성 물질에 손을 대는 것이다.

따지고 보면 '그 바닥'은 정말 험한 바닥이다. 생존을 위해 부단히 뛰지 않으면 안 되는 바닥이다. 또한 많은 군중들의 시선이 집중되어 있기 때문에 안주할 수가 없다. 상황이 그러하니 연예인들이야말로 정신적으로, 영적으로 위로가 필요한 존재들이 아닐 수 없다. 무한히 제공하는 위치에만 설 수 있는 사람은 아무도 없다. 연예인들도 똑같은 한계를 가진 사람이다. 그런데 팬들은 그들에게서 인격을 박탈하고 대상화시킨 후 무한히 무엇인가를 제공해야 하는 존재들로 박제해 버린다.

연예계가 사회에 끼치는 영향이 적지 않다는 현실을 감안할 때, '그 바닥'을 위한 기도와 전도 활동이 시급하다는 생각이 든다. 연예인들이 자신의 삶과 길을 바로 가도록 도와 주어야 할 것이다. 연예인 선교 단체들은 보다 적극적으로 복음을 전하게 되길, 또한 관심 있는 기독교 단체들이 이 사역을 보다 구체적으로 전개해 나가길 당부한다.

4 싸이, 제임스 딘(J. Dean)의 자리에서 살펴보기

싸이(Psy)가 또

희한한 '새춤'의 주인공인 싸이는 자못 도발적이다. 그는 독특한 몸동작과 파격적인 노래로 인해 대중으로부터 폭발적인 반응을 얻었다. 그러나 주목을 받기 시작한지 오래지 않아 대마초 흡연과 관련하여 구속되었고, 음반의 선정성 문제로 구설수에 오르기도 했다. 유감스러운 일이 아닐 수 없다. 특히 선정적인 가사 시비는 우리 시대의 '놀이'에 대한 회의를 불거지게 했다.

싸이는 우리 시대의 공동 문제

그러나 싸이라는 한 개인의 도덕성과 인격에만 초점을 맞추어 비판과 공격을 가한다면 토론의 의미는 사라진다. 우리는 개인을 문제 삼기 이전에, 시각을 넓혀서 그런 '생산품'을 가능하게 만드는 우리 사회의 구조적인 문제를 검토해 보아야 한다. 예를 들어, 싸이의 심리 상태, 말, 행동에 공감을 표하는 젊은이들이 늘어나는 것은 어떻게 볼 수 있겠는가. '학교 붕괴'가 그 한 원인일 수 있다는 것이다. 반복해서 말하자면, 싸이를 개인적인 취향의 문제로 판단하는 것은 의미가 없다. 물론 그를 욕하기는 쉽다. 하지만 우리 시대의 '싸이'들을 구원하기란 그리 쉬운 일이 아니다. 비판보다는 세심한 이해와 접근이 요구되는 때이다.

싸이의 노래 가사 시비는, 분명 우리 사회가 드러나지 않은 많은 상처들을 안고 있다는 것을 말해 준다. 그 책임의 소재가 싸이에게 있는지, 음반 기획사에 있는지, 욕망에 찬 대중에게 있는지에 대해서는 여기서 논외로 한다. 중요한 것은, 그런 '불량'의 가사가 상거래되고 인터넷이나 방송을 통해 전국에 퍼져서 알게 모르게 대중을 감염시키고 있다는 사실이다.

그렇다면 제임스 딘은 느닷없이 왜?

제임스 딘(James Dean, 1931~1955)과 싸이는 닮은 점이 별로 없어 보인다. 생존 년대에도 50년 정도의 차이가 있고, 활동 분야도 달랐다. 그리고 제임스 딘은 차분한 스타일의 영화배우였고, 싸이는 격렬하게 몸을 흔드는 댄스 가수이다. 외모에도 차이가 있는데, 한쪽은 '잘 생긴' 미국인이었고, 다른 한쪽은 개성 있는 외모의 토종 한국인이다. 이런 차이에도 불구하고 우리는 지금 제임스 딘을 싸이의 논의에 끌어들이고자 한다. 제임스 딘이 어떤 면에서는 오늘날의 '싸이 현상'을 이해하는 키워드를 제공하고 있다고 생각되기 때문이다. 우리 시대의 '싸이들'을 변호하기 위해, 시간을 거슬러 올라가 제임스 딘이라는 이국(異國)의 영화배우에게서 그 원인을 찾고자 한다.

제임스 딘의 후유증, 싸이가 앓고 있다

젊은이들의 우상이었던 제임스 딘은 시대적 고통을 앓았다. 영화 〈에덴의 동쪽〉에서 그는 형을 편애하는 가부장적 아버지 밑에서 자라는 열등생, 사고뭉치로 등장한다. 자신이 가지고 있는 고유한 성격과 가능성은 무시당하고, 항상 '둘째' 의 정체성으로만 인식되는 존재였다. 가정 안에서의 소외는 가정 밖에서도 똑같이 작용되는 것이기 때문에 그러한 환경에서 자란 개인은 사회에서도 소외자로 존재하게 된다. 이 영화를 통해 제임스 딘은 아웃사이더(outsider)의 표상이 되었다. 영화 속에 등장하는 제임스 딘은 사회적인 구조의 희생물이다. 개인적 존재의 최후 보루로 여겨져야 할 가정이 그에게는 오히려 억압의 원천이었던 것이다. 방황하도록 밖으로 그를 내몰았던 힘은 역설적이게도 가정이었다. 가정의 질서와 안녕을 유지해 주어야 할 아버지는 폭군과 독재자의 기능을 했다. 전통적이고 가부장적인 질서가 서서히 하나의 지배 이데올로기로 자리매김하게 된 것이다. 인류문화사는 이런 현상을 두고 "성난 젊은 세대"(angry young men), "아버지 상실의 세대"(fatherless genera-tion)라 이름 붙였다. 변화를 원치 않고 기존 질서에 안주하기 원하는 기성 세대에게 젊은 세대는 성난 자세로 반항을 표시하는 것이다. 제임스 딘은 그 다음 영화인 〈이유 없는 반항〉(rebel without a cause)을 통해 젊은 세대들을 두둔하며 변호한다.

그러나 제임스 딘이 연기했던 '반항' 은 정녕 이유 없는 것인가. 이유가 없다는 보는 것은 역시 기성 세대의 관점일 뿐이다. 끓는 피를 가진 젊은 세대는, 부조리한 세상과 그러한 세상에 굴복하는 기성 세대의 태도에 반항할 이유를 충분히 가지고 있다. 자식들에게 이래라 저래라 하면서 언제나 정답을 강요하던 '아버지'들이 정작 자신의 현실에서는 비굴한 태도를 버리지 못하는 것이다. 이러한 현실을 알게 된 젊은 제임스 딘은 환멸과 배신감에 몸을 떨게 된다. 이런 상황에서 그가 택할 수 있는 방법은 무엇일까? 현대는 제임스 딘의 시대와 그리 다를 것이 없는 듯하다. 적어도 싸이의 눈에는 그렇게 보였다. 제임스 딘의 고통을 50년이 지난 현재, 싸이가 동일하게 느끼고 있다고 한다면 지나친 억측일까? 제임스 딘이 다 퍼내지 못한 속내를 싸이가 지금 퍼내고 있다고 한다면 지나친 비약일까?

싸이가 폭로하는 기성품 사회

기성품은 언제나 제 규격에 맞는 대상을 기다린다. 기성품은 변하지 않기 때문에, 기성품을 소유하기 위해서는 사람이 그에 맞추어야 한다. 싸이는 지금 기성품의 시대에 숨막혀 하고 있는 것 같다. 시키는 대로 하지 않으면 혼내겠다고 회초리를 든 훈장처럼 아버지 세대가 우리를 향해 눈을 부릅뜨고 있다고 느끼는 것이다. 면전에서 저항할 수 없다면 최소한 똥침이라도 찔러야만 살아있다고 느낄 만큼 싸이 세대는 혈기왕성하다. 정작 죽어있는 것은 기성화된 어른들이다. 그들이 이루어 놓은 문화는 모두 경직되어 있다. 그래서 싸이는 지금 무엇인가를 해체하려고 한다. 우리 시대의 '싸이'들은 발악(發惡)을 발악(發樂)으로, 발광(發狂)을 발광(發光)으로 푸는 방법을 안다. 그러기에 노래하는 것이다.

〈에덴의 동쪽〉에서 제임스 딘은 쓰러진 아버지의 병상에 다가간다. 아버지는 이제 더 이상 과거의 지배자가 아니다. 충격에 쓰러져 나약한 모습으로 외로이 병상에 누워 있는 것이다. 마치 철 지난 고목나무의 앙상한 모습처럼. 그 때 아버지는 눈물을 흘리며 화해의 손을 뻗치고, 아들이 그 손을 붙잡는다. 〈에덴의 동쪽〉에서 겨냥한 장면은 바로 이 부분이라고 생각된다. 이 화해의 장면이 영화의 절정이고 본론이다.

오, 우리 시대의 아버지들이여. 이 시대 '싸이' 들의 고통을 얼마나 알고 있는가. 싸이에게 편견의 잣대를 들이대기 전에 50년 전이나 지금이나 동일하게 반복되고 있는 아픔과 상처를 이해해야 하지 않겠는가. 흐르는 강물처럼 또다시 그 아픔이 떠내려가게 해서는 안될 것이다. 만일 싸이가 그런 사회적인 부조리와 구조악에서 탄생한 것이라면, 그 책임은 싸이 개인이 아닌 우리 기성 세대에게 있는 것이다. 이제 구원과 화해가 어떻게 이루어지는 것인지 깊이 생각해 보아야 하겠다.

5 박진영, 한국 기독교 문화에 도전장을 던지다

박진영에게 귀를 기울이다

가수 박진영의 6집 앨범 〈게임(game)〉이 나왔을 때, 필자는 왜곡된 성적 이미지로 가득한 음반의 재킷을 보고 당혹스러움을 감추지 못했다. 아니나 다를까 곧 음반에 관한 논란이 일어났고, 그것이 이슈화되어 매스미디어를 통해 성(性)과 '게임' 에 대한 박진영의 입장이 알려지기 시작하였다. 그런데 그의 주장을 들으면서, 생소하게도 문득 한국 기독교 문화에 대한 어떤 반성이 뇌리를 스쳤다. 그래서 지금 필자는, 사회 일각에서 '비윤리적' 인 것으로 평가된 컨텐츠로 기독교의 거룩한 문화적 리더십을 설명하려고 한다. 상이한 두 개의 카테고리를 연관시켜 대안을 말한다는 것이 경직된 기독교 문화의 영역에서는 낯선 일일 수도 있겠으나, 결국 우리 스스로를 성찰하고 변화시켜 나가는 데 있어서 사회 문화 환경의 모든 것이 질료가 될 수 있음을 기억하며 다음의 논의를 진행하려고 한다.

다만, 앨범 재킷과 노래 가사의 선정성에 대한 반박이, 우리가 할 수 있는 사회 참여의 전부가 되어서는 안 된다. 물론 그런 방식을 통해 소극적으로나마 사회 정화에 기여한 바가 있었다는 것은 사실이지만, 일차적으로 우리 자신과 우리를 둘러싸고 있는 문화적 상황에 대한 반성, 그리고 미래를 위한 건설적인 제언이 선행되어야 할 것이다.

액면 그대로의 현상 읽기

〈게임〉 앨범의 재킷은 실제로 도발적이었다. 누드 의상을 입은 여성 운전자를 돈으로 사려는 듯한 포즈의 젊은이, 대마초를 피우는 젊은이와 액세서리로 치장한 섹시한 여성 등등의 사진들... 그런 의미에서 박진영은 틀렸다. 어찌 장래 정치가를 꿈꾼다는 의식 있는 젊은이가 인권을 무시한 그런 이미지들을 앨범에 사용할 수 있다는 말인가? 그런 빈약한 인권 의식을 가지고 있다면, 게다가 여성 비하적인 사진에 자신의 모습을 오버랩 할 정도의 수준이라면, 과연 거기서 어떤 장래와 정치의 희망을 발견할 수 있겠는가? 그런 것이 소위 자유이고, 예술이란 말인가?

현상 넘어서기

그러나 박진영은 옳다. 그렇게 말할 수 있는 근거를 대라면 다음과 같은 몇 가지를 들 수 있을 것이다. 우선 심의 기관에서 불법 딱지를 안 붙였으니 옳다고 해야 한다. 또한 우리 나라 헌법이 표현의 자유를 보장하고 있고 그가 성(性)에 관해 자유롭게 말할 수 있는 성인이기 때문에, 그의 행위를 무효화할 근거가 없다는 점에서 옳다. 더구나 그의 '게임 이론'은 흥미롭기까지 하다. 비록 그가 성관계에 게임 이론을 무리하게 적용시킨 것은 유감스러운 일이 아닐 수 없지만 말이다. 가수 박진영의 이러한 행보는 우발적인 폭발이 아니라, 인간학적인 고뇌를 통과하여 온 시대의 상징 언어인지도 모른다.

그러나 내가 문제 삼고 싶은 것은, 박진영을 어떻게 계몽시켜야 하는가에 있는 것이 아니라, 우리가 '박진영'이라는 현상 너머에 있는 현실을 얼마나 깊이 있게 관찰하고 있는가 하는 점이다. 또한 그 현실에 한국 기독교 문화는 어떻게 대응하고 있는가. 이 점이 바로 본 논의가 가려고 하는 방향인 것이다.

박진영 신드롬

다시 말하지만, 박진영에게는 옳으면서도 그르고, 그르면서도 옳은 면이 있다. 우리는 여기서 박진영에게 일종의 고마움을 느껴야 한다. 그가 시대의 거울 역할을 해 주었기 때문이다. 그는 〈게임〉 앨범을 제작하는 동안 섹스에 집중했다고 말했다. 그러면서, 이렇게 좋은 섹스를 왜 그동안 죄악시해 왔는가 하는 반문을 하게 되었다는 것이다.

'박진영 신드롬'은 무엇인가? 그것은 현재 많은 젊은이들이 그의 '게임 이론'과 무관하게 살고 있지 않다는 것의 반증이다. 언젠가 이런 CF가 인기를 끌었다. "내가 니꺼야? 난 누구한테나 갈 수 있어!" 이 카피 문구는 현대인들의 인간 관계(특히 이성과의 관계)가 '게임'으로 진행된다는 것을 극명하게 보여 주는 실례이다. 박진영의 주장은, 젊은이들이 그런 사회 현실과 내적 분열, 정체감 혼란

속에 살아가고 있다는 것을 대변한다. 게임은 몇몇 사람들만이 즐기고 있는 소수의 특성이 아니라, 대중적으로 널리 확산되고 있는 하나의 생활 방식(lifestyle)인 것이다.

얽매인 듀엣보다는 화려한 싱글로서 자유롭게 만나고 즐기는 것, 그것이 바로 그가 말하는 게임이다. 만나고 헤어지는 데는 단지 계약만이 필요할 뿐이다. 게임이 끝나면 미련 없이 제 길로 가는 것이 게임의 묘미이다. 현대인들은 지속적이고 인격적인 관계를 부담스러워하고, 그렇게 길들여져 가고 있다. 따라서, 박진영의 〈게임〉은 이렇게 그냥 게임처럼 살자고 사람들을 부추기는 유혹의 메시지이다.

교회는 성역인가?

서점에 『청년들이 교회를 떠나는 31가지 이유』, 『성장하는 14교회 청년대학부 부흥 전략』와 같은 책들이 등장했다. 이러한 주제를 다루는 책들은, 머리말에서 '청년들이 교회에서 빠져나가고 있다'는 공통의 고민을 다루고 있다. 그래서인지 교회마다 성경 공부, 큐티, 제자 훈련, GBS, PBS, 찬양과 경배, 카운슬링, 멘토링, 일대일 양육 등등 개교회 실정에 맞는 프로그램 개발이 활발하게 진행되고 있다. 문제는 교회 교육이 아직도 현실을 무시하고 원론 자체에만 집중하고 있다는 데 있다. 즉, 교회 안에 있는 청년들이 마치 '박진영 신드롬' 과는 전혀 무관한 맥락 속에 있는 것처럼 생각하는 것이다. 이러한 현상에 적극적으로 참여하고 있는 것은 아니라 하더라도, 그들이 최소한 게임 이론이 난무하는 현실에 몸담고 살아간다는 사실은 인정해야 한다. 그들은 여러 가지 문화 경로를 통해 게임 이론과 직간접적으로 몸을 부딪치며 의사소통하고 있다. 그렇다면 교회 안에 있는 청년들을 교육하는 데 있어서 우리는 너무 안이한 대처를 하고 있는 것은 아닌가. 교회가 급변하는 청년들의 실존 상황을 가까운 거리에서 이해하는 일은 필수적인 것이라 하겠다.

청년들, 교회를 떠나다

또한 청년들이 교회를 떠나는 이유 중의 하나는 바로 교회가 '게임'의 긍정적인 요소를 상실해 가고 있기 때문이다. 이제는 게임을 인간학적인 시각에서 살펴봐야 한다. 내가 박진영의 게임 이론에 고개를 끄덕이는 측면이 있다면, 그것은 '게임 자체'(game itself)에 대한 그의 이해 때문이다. 게임은 누구에게나 즐거운 것으로서 우리 삶의 한 방식이기도 하다. 그것을 이성 간의 관계나 성관계에 억지로 연결시킨 것은 문제가 되지만, 게임, 즉 유희란 인간을 정의하는 중요한 개념이다. 철학자 호이징가(J. Huizinga)는 인간을 유희의 인간(Homo ludens)으로 정의하면서 "노는 모습(유희)을 보면 그 사람 됨됨이를 알 수 있다"라고 하였다. 인간의 문화는 모두 놀이가 변용된 형태라고 본다. 한국인들은 노는 것을 술 취하여 정신없이 춤추며 고성방가하는 쪽으로만 연관시키는 경향이 있다. 그러나 놀이란 자기를 표출하고 형성해 가는 과정이며 존재의 엄숙한 실현 과정(realization)이기도 하다. 인간 활동에서 놀이 요소가 빠질 때 사람은 강요당한다고 느끼며, 쉽게 싫증을 느낀다. 따라서 유희가 제거된 모든 활동은 일탈 행위, 이상 행동(abnormal behavior)으로 변질될 가능성이 많다. 호이징가에 의하면 이러한 놀이 요소는 종교적 행위에까지 확대된다. 놀이는 유아의 옹알이와 아이들의 소꿉장난에서부터, 엄숙한 장례식, 거룩한 예배 의식에까지 내재한다. 놀이는 저차원적인 데서 고차원적인 데로 상승하려는 의미의 승화 작용(sublimation)이라고 할 수 있다. 무의미가 의미를 찾아 지상에서 천상으로 비상(飛上)하는 과정의 하나가 바로 놀이인 것이다.

'놀이'를 상실한 기독교

한국 기독교는 언제부터인지 '놀이'를 상실해 가고 있다. 교회 문화에는 이제 실제적인 의미보다는 명목상의 개념이 앞서 있는 듯하다. 그 대표적인 예가 교회 절기의 현실이다. 기독교의 3대 절기인 성탄절, 부활절, 성령강림절이 현재 우리 나라에서 어떻게 지켜지고 있는가. 성탄절에는 적당한 축하 행사와 새벽송이 이어지고, 부활절에는 강단 옆으로 화려한 꽃꽂이를 세우거나 삶은 달걀을 나눠 주는 것이 전부이다. 진정한 의미에서의 축제가 단발적이고 틀에 박힌 몇 가지의 행사로 정의되고, 이 절기를 기뻐하고 즐기려는 마음은 언젠가부터 사라지고 말았다. 그것도 주일 당일에만 입으로 강조될 뿐이다.

상술한 대로, 젊은이들이 점점 교회를 떠나는 이유는, 교회 안에서 실천되어야 할 '놀이'가 상실되어 가고 있기 때문이다. 교회 내에서의 예배와 프로그램들이 기성 세대의 그것처럼 형식적이고 딱딱한 채로 고정되어 있기 때문에 상상력과 창조력을 발휘할 수 있는 공간은 줄어들고 청년들은 그 속에서 놀이를 상실할 수밖에 없다. 웨스트민스터 신앙고백 제1장은 이렇게 말한다. "사람의 제일 가는 목적은 하나님을 즐거워하며 그를 영원토록 기뻐하는 것이다." 교회가 자신의 문화 안에서 하나님, 이웃과의 놀이를 제외시킨다면, 그것은 교회의 사명을 간과하는 것이다. 교회의 사명 중 하나인 코이노니아(Koinonia)가 바로 놀이로서의 교제를 말하고 있지 않은가.

나는 이 문제에 대하여 유교에 전적으로 책임이 있다고 주장하지는 않겠다. 누구처럼 "공자가 죽어야 나라가 산다"고 선동하지도 않겠다. 하지만 한국에 들어온 복음이 상당 부분 유교식 권위주의의 옷을 입었다는 것은 이미 알려진 사실이다. 그래서 예수님도 때로 엄격한 서당 선생으로 왜곡되고, – 목사님들에게도 그러한 역할이 요구된다 – 구원이라는 것은 하인들이 상전으로부터 어쩌다 받은 곡물 보따리처럼 느껴지고, 그래서 죄인에서 구원받은 것만으로도 감지덕지하는 차원의 신앙을 갖게 되는 것이다. 이것이 한국식 신앙 생활의 단면이다.

예수님과 동행한다는 것은 주님과 논다는 것을 의미한다. 그분과 손잡고, 부대끼며 살아가는 것이 신앙 생활이다. 주님은 감독이나 감시관처럼 높은 자리에 앉아 우리를 검열하는 그런 분이 아니라, 지금 여기 오셔서 죄인들의 손을 붙잡고 통곡하며, 감싸 안고, 어깨 동무를 하고, 함께 인생 여정을 걸어가는 친구 같은 분이시다. 예수님은 지금도 우리와 '놀고' 싶어하신다. 그런데 한국 기독교에는 이러한 놀이의 측면이 배제되어 있다.

거룩한 놀이 회복하기

하나님의 임재는 '놀이'를 포함한다. 그것은 '거룩한 놀이'(holy game with God)이다. 하나님의 영광 앞에서 이스라엘 백성들은 북 치고 소고 치며 즐거이 찬양했다. 거룩한 놀이를 벌였던 것이다. 다윗은 어떠했던가. 법궤가 들어오는 것을 보고는 옷을 벗고 춤을 추기까지 즐거워했다. 성산에 오르는 백성들이 노래하며 즐거워하였던 것도 우리는 성경을 통해 읽었다. 한국 기독교가 사회로부터 외면당하고 있다는 자성의 목소리가 들린다. 이를 놀이의 시각에서 살펴보면 해답이 하나 나온다. 한국 기독교인은 경직되어 있다. 한국 기독교인들은 잘 놀지 못한다. 자신들도 못 놀고, 노는 사람들에게 눈치를 준다. 특히 기독교인이 아닌 이웃들과는 더욱 어울리려 하지 않는다. 바울 사도의 "믿지 않는 자와 멍에를 같이 하지 말라"는 말씀을 제대로 이해하지 못한 결과일 것이다. 교회의 문턱을 낮춘다, 교회를 개방한다는 의미는 무엇인가. 논다는 의미인 것이다. 이제까지 기독교인들이 비기독교인들과 놀지 않았기 때문에 기독교가 소외되기에 이른 것이다. 그 결과 기독교의 리더십은 뒷전으로 물러나게 되었다.

이제 거룩한 놀이를 회복해야 한다. 우리끼리 노는 울타리 안의 놀이가 아니라, 울타리 밖의 이웃들과 어우러져 놀 수 있는 진정한 놀이를 회복해야 한다. 한국 기독교가 시급히 복구해야 할 과제가 여기 있다고 본다. 그렇게 될 때 복음 전파도, 문화적 리더십도 다시 거두어들일 수 있을 것이다.

IV. 멜로가 나라 잡는다

멜로가 나라 잡는다

이보다 더 유치할 순 없다
　– 한국 관객 물로 만드는 현장을 고발하며

1 멜로가 나라 잡는다

새천년, 그러나 넘치는 멜로물

몇 해 전만 해도 스크린 쿼터제를 사수하기 위한 운동을 펴던 많은 영화계 인사들이, 이제는 만면에 희색이 가득하다. 한국 영화로도 승산이 있다는 안도감에서 나온 표정인 듯하다. 〈쉬리〉의 성공을 필두로, 한국 영화는 꺾일 줄 모르는 기세로 성장을 거듭하고 있다. 마침내 〈공동경비구역〉, 〈친구〉 등으로 이어지는 소위 '대박' 영화들은 쟁쟁한 외화들을 따돌리고 순위 경쟁에서 우위를 점하게 되었다. 영화 역사가 길지 않은 한국에서 자국 영화의 이와 같은 발전 가능성은, 영화인들에게뿐 아니라 일반 국민들에게도 긍정적인 활력이 되었다. 그런데, 이러한 물결을 타고 또 하나의 전기를 맞는 영화 장르가 있다. 사랑 이야기로 대표되는 멜로물이 바로 그것이다. 〈접속〉, 〈고스트 맘마〉, 〈편지〉, 〈약속〉, 〈연애 소설〉 등의 멜로 영화들은 꾸준한 관객몰이로 계속해서 좋은 성적을 내고 있다. 또한 안방 드라마의 단골 소재로도 멜로는 큰 비중을 차지하고 있다. 가히 멜로물의 전성 시대라 아니할 수 없다. 눈물 타령, 사랑 타령을 주요 테마로 하는 멜로물은, 이제 흥행의 일등공신으로 그 위치를 점유하게 되었다. 그러나, 멜로를 폄하하여 말하려는 것은 아니다. 다만, '왜 지금 멜로인가' 하는 점에 대해 질문해 봐야 한다는 것을 강조하고 싶을 뿐이다. 마치 최면을 걸듯 매일 약속된 시간에 사람들을 텔레비전 앞으로 불러들이는 멜로의 힘이, 현 시국에 있어서 무엇을 의미하는가 하는 것을 물어야만 한다. 멜로는 문화 소비의 측면이고 시국은 정치적, 사회적 사안에 관련된 분야이지만, 언뜻 관련이 없어 보이는 이 두 가지의 개념이 기막힌 밀월관계를 맺고 서로 긴밀하게 작용하고 있는 것이다. 시국이 곤란한 상황에 놓일 때마다 멜로는 사람들의 불편한 심기를 달래는 역할을 담당한다. 문화 산업자, 문화 생산자, 또는 문화 정책 기안자들은 그 점을 잘 파악하고 있다. 경제가 불안하고 정치에 환멸을 느끼고 진정한 이웃이 없는 지금 시대에, 멜로가 자아내는 코끝 찡한 눈물과 가슴 뭉클한 감동은 충분한 마취제가 될 수 있다. 독재가 판을 치거나 군부의 입김이 강한 시대일수록, 4S(Sport, Screen, Sex, Speed)가 효력을 발휘했다는 사실이 멜로와 시국의 관계를 거꾸로 설명해 준다.

멜로의 놀라운 변신, 문화 테러

모든 것에는 때와 시한이 있다. 웃어야 할 때가 있고, 울어야 할 때가 있다. 결혼식에 갈 때는 화려한 의상이 어울리지만, 장례식에 유채색 옷을 입고 간다면 그 사람의 얼굴을 한 번 더 돌아보게 될 것이다. 지금 우리 시대의 멜로를 이야기하는 심정이 바로 그렇다. 우리 나라 온 천지 곳곳에 줄줄이 들어서는 러브호텔처럼, 문화 예술 분야를 기웃거릴 때 여기저기서 밟히는 것이 멜로물이다. 그러나 멜로 자체가 아니라, 멜로가 때를 타고 번성하는 그 시점에 문제의 본질이 있다. 정치가 건강하고 경제적으로도 회복되어, 사람들마다 정부를 칭찬하고 여야간의 합리적 대화로 균형 잡힌 사회가 형성되어간다면, 멜로가 국민들의 눈물을 다 뽑아낸다고 한들 무엇이 문제가 되겠는가. 오히려 이런 시대라면 멜로는 사막의 생수처럼, 고원 지대의 시원한 약수처럼, 좋은 청량제가 될 수도 있을 것이다. 그런데 바로 지금, 우리의 현실은 어떠한가?

여기에서 정치, 경제, 사회에 대한 전반적인 사설을 장황하게 늘어놓을 생각은 없다. 그러나 의사 결정에 있어서 아직도 강대국의 눈치를 보아야 하고, 여당의 지지도는 점점 하락세를 기록하고, 엘리트 계층의 해외 이주가 날이 갈수록 늘어가는 지금의 한국적 상황에서, 멜로적 감수성에 대한 정서의 의존도가 높아지고 합리적 사고 능력이 점점 둔화되어 가고 있다는 것은 분명 우연한 결과가 아닐 것이다. 아름다운 관광 명소에 러브호텔이 빼곡이 들어서서 경관을 해치는데도, "법적으로 하자가 없다"는 궁색한 변명으로 이러한 사태들을 용인하고 있는 관공서의 태도 역시 이와 같은 맥락에서 이해할 수 있을 것이다.

지금은 멜로가 부상해야 할 시대가 아니다. 지금은, 민족과 주권, 통일, 미래, 교육, 환경을 생각하고, 노사 문제를 확립하고, 극빈자에 대한 복지 정책을 수립하고, 소외 계층에 대한 사회 안전망 구축에 심혈을 기울이며, 전 세계에 흩어진 한민족 네트워크를 형성해야 할 때인 것이다. 그런데 문화계는 멜로로 쿵작쿵작 잘도 돌아간다. 영사기에 멜로를 걸어야 관객이 모이고 그래야 돈이 된다는 계산 때문에, 우리의 문화 생산자들은 멜로와 손을 잡았다. 그러나 결국 멜로가 뿌리게 한 눈물과 휴지 조각은 이 백성이 회복해야 할 민초정신과 반비례하고 있다. 우리의 눈두덩이 부어오를수록 민초는 점점 사그러든다. 멜로에 푹 빠지면 빠질수록 멜로 생산자들의 배만 기름져간다.

지금 우리가 겪고 있는 멜로의 열풍은 문화 테러이다. 이 시대의 건강한 눈물을 한줌 맥없는 눈물로 바꾸어 버리고, 힘찬 웃음을 삼류 코미디의 웃음으로 대치시켜버린 멜로는, 진지한 삶의 현장으로 들어가려는 사람들을 주저하게 만든다. 몇천 원의 입장권으로 "인생은 다 그런 거야"라는 멜랑콜리한 메시지를 선사하기 때문이다.

여기는 지금 힘찬 민중의 함성이 울려 퍼져야 하며, 당당한 걸음들이 거리를 활보해야 한다. 휴지는 눈물을 훔치기 보다는 땀을 닦는 데 쓰여야 하며, 사랑하는 사람의 존재는 푹 싸안겨 흐느끼기 위해서가 아니라 신뢰의 의미를 함께 만들어가기 위해 필요한 것이다. 이 땅의 국민들이 모두 일어나 문화 테러를 심판하기 전에 이제 멜로의 음모는 멈춰져야 한다.

2 이보다 더 유치할 순 없다

– 한국 관객 물로 만드는 현장을 고발하며

멜로 타령에 중독된 한국

앞의 글에서 나는 우리 나라의 밑바닥에 흐르고 있는 정서를 나무랐다. 요지는 현재 전국을 강타하는 수많은 영상물이 온통 멜로 드라마의 눈물과 소아병적 센티멘털리즘으로 범벅되어 있다는 것이다. 선진 대열을 이야기하며 세계화를 논하는 국민의 문화적 감수성이 이렇게 호도되어도 되는 것인지 필자는 나름대로 사태를 맹렬히 혹평해 왔다.

멜로는 좋은 것이다. 반복되는 일상에 감각이 무뎌지고 가슴도 냉랭해질 때 마음을 녹여 주는 사랑 이야기. 때로는 헤어짐도 아름답게 묘사되어 눈시울을 적시고, 관객들은 묘한 최루적 감동에 휩싸이게 된다. 그런 멜로는 때로 약이 되기도 한다. 그런데 그 도가 지나치다는 것이 필자의 일관된 견해이다.

멜로는 비상하려는 우리의 심성을 붙잡고 자꾸 주저앉으라고 권한다. 마치 만주 벌판으로 독립 투쟁을 떠나는 젊은이의 바짓가랑이를 부여잡고, "아니 되오, 아니 되오, 나를 두고 어딜가오…"라고 울부짖는 철없는 아낙과 같다고나 할까. 나라가 뒤숭숭하고 시끄러운데 멜로 타령으로 마비되고만 있는 우리의 통찰력이 아쉽게 느껴진다.

또 다른 중독, 코미디 영화 시대

문제는 멜로에만 있는 것이 아니다. 설상가상으로 실속 없는 웃음만 뽑아내는 코미디 영화가 판을 치고 있다. 2002년 5월 24일자 문화면에서 조선일보는 "유치찬란 코미디 어디까지…"라는 제목의 기사를 내보냈다. 그 내용은 다음과 같다. "2002년 전반기식 한국형 코미디 영화 제작법은? 비교적 간단하다. 첫째, 일단 극도로 유치찬란하고 엽기적이고 웃기는 제목을 붙인다. 둘째, 스토리와 디테일도 최대한 황당무계하고 치졸하게 한다(예를 들면 코딱지 후벼 내던지는 식 같은 게 아주 좋다). 셋째, 주연 배우로는 무조건 한창 뜨고 있는 사람을 쓴다. 탤런트든 가수든 가리지 말라."

직접적으로든 간접적으로든 위의 기사에서 거론되었던 영화 목록을 한번 알아보자. 〈4발가락〉, 〈조폭 마누라〉, 〈일단 튀어〉, 〈뚫어야 산다〉, 〈도둑맞곤 못 살아〉, 〈가문의 영광〉, 〈물의를 일으켜 죄송합니다〉, 〈내 사랑 싸가지〉, 〈꼼짝마! 경찰이다!〉, 〈라이터를 켜라〉, 〈보스상륙작전〉, 〈굳세어라 금순아〉, 〈긴급조치 19호〉, 〈서프라이즈〉 등등. 여기에서 인간 냄새 나는 일상적인 모습은 찾아보기 힘들다. 장면마다 과장되고 위장된 인물들이 종횡무진한다. 모두 할리우드 키드들이 내뱉은 생경한 언어들의 난장(亂場)일 뿐이다. 이것이 과연 한국 영화의 현주소이며, 관객 동원 백만 명의 기록을 보유한 영화 전성 시대의 단면이란 말인가? 소위 영재들이 모인다는 영화판에 어찌 이런 유치한 장난끼가 성황을 이루고 있는 것인가? 머리채 붙잡고 다투느라 부끄러움까지 내팽개친 길거리 싸움꾼들의 모습을 귀하신 몸들께서 그대로 따라하고 있다. 이 시대의 엘리트들은 모두 어디로 갔단 말인가? 모두들 정치판의 본을 따라 그렇게 혼신을 다하고 있는 것인가?

왜 웃어야 하는가?

이런 영화들이 등장하는 이유를 모르는 바 아니다. 세상이 하 수상하고, 뒤숭숭하고, 쳇바퀴 돌듯 기계적이며, 모두들 경쟁, 이득, 배팅의 이론에 휘둘리고만 있으니 목이 답답하고 숨이 가쁠 수밖에 없을 것이다. 그러다 보니 뭐 그렇게 심각한 얼굴을 해봐야 평생 웃을 일이 있겠는가 하는 생각이 들 수도 있다. 악화가 양화 밀어낸다는 옛말처럼, 모두가 미쳐 날뛰는 세상에서는 거센 놈만 살아남는 것이라는 원시 밀림의 생존 전략이 오히려 주목받게 될 수도 있다. 이런 상황에 대한 불만에는 분명 공감대가 있다. 그러나 이렇게 사회적 다원주의를 전면에 내세우는 파렴치한 세상에 시니컬한 폭로로 대처해보자는 의식이, 결국 삶을 웃음거리로 만드는 일로 귀결되어 버린 듯하다. 그리고는 공허한 웃음을 유발하며, 불특정 다수를 향해 너무 거룩한 체하지 말라고, 위선의 가면을 벗어던지라고 말한다. 그러나 무엇에든 정도가 있는 법이다.

인도에서는 아침마다 공원에 모여서 웃는 운동을 한다고 한다. 특별히 좋은 일이 없어도 그냥 웃다보면 웃음이 절로 우러나온다고 하는데, 영화에도 그러한 치유 공덕이 있을 수 있다. 그러나 대중을 상대로 아무렇게나 내던지듯 만들어지는 영화들은, 아무리 반응이 좋다 한들 관객을 우롱한 죄는 면치 못할 것이다. 오죽하면 언론에서도 말에 칼날을 세우겠는가.

똑똑한 시민 불복종

"시민 불복종"(H. D. 소로우)이 이 때 어울리는 구호가 될 듯싶다. 정부가 무능하고 부패할 때 시민이 할 수 있는 최고 행위는 불복종인 것이다. 정부는 점점 난장판이 되어 가는데, 어찌 시민에게만 복종을 강요할 수 있을까? 시민 불복종은 최선의 선택일 수밖에 없다. 아니 저들은 시민에게 불복종할 것을 간접적으로 유도한 것과 다름없다.

이제 한국의 관객들이여, 유치한 작위성으로 관객을 우롱하는 저 영화판의 귀하신 분들께 싸늘한 표정을 지음으로써 그 인사를 대신하자. 유치찬란한 영화들에 대해서는 말도 꺼내지 말고, 극장에도 가지 말고, 이성적이고 냉정한 관객의 시선을 보여 주자. 관객 모독의 스크린 앞에서 어찌 배꼽을 잡으며 웃을 수 있겠는가?

우리 시대에 좋은 영화는 얼마든지 있다. 예술성과 창조성, 시대성과 인간성을 말하는 것은 그리 어려운 일도 아닐 것이다. 그런데 건강한 웃음이 아닌, 억지 웃음을 짜내는 것은 일제 시대 신파극에나 있었던 일이다. 당시에는 무대에서 감정 조절하는 법을 몰라서 그랬다 하더라도, 잘 교육받은 최고의 배우들이, 최고의 감독들이, 최고의 장비를 써가며 필름을 낭비하고 있는 현실을 볼 때 정말 안타깝다. 그것을 영화라고 불러야 한다면, 영화는 죽은 것이다.

그러니 작금의 삼류 코미디 영화들은 김포 매립지에 갖다 버려도 아깝지 않다. 관계자들은 각성하고 심각하게 반성해야 한다. 부화뇌동하는 관객들도 마찬가지이다. 의식 있는 관객이라면 시민 불복종의 차원에서 상황을 올바르게 판단하고, 행동으로써 따끔한 맛을 보여주어야 할 것이다.

역사적, 정치적 영화 만들기

영화인들은 최소한 부담감을 가져야 할 소재가 있다는 것을 알아야 한다. 할리우드가 2차 세계대전, 월남전, 걸프전까지 기타 여러 전쟁들을 얼마나 우려먹었는지 우리는 잘 알고 있다. 돈도 엄청나게 벌었고, 미국식 문화 제국주의를 세계 곳곳에 심는 데도 성공했다. 물론 이것이 시장에 대한 철저한 계산을 바탕으로 한 것이라고 해도, 그러한 소재들에 대한 문제 의식을 불러 일으켰다는 점에 대해서는 우리 영화계가 숙고해 보아야 한다. 우리는 일제하 징용, 정신대 문제, 6 · 25전쟁, 이산 가족 문제 등등 세계사에 잊지 못할 기록으로 남아있는 사건들을 몸소 체험한 민족이다. 그런데 이 뼈아픈 체험을 그냥 묻어두기만 할 뿐, 이를 의식의 표면으로 드러내고 형상화하려는 사회 의식은 매우 결핍되어 있다. 이런 와중에 너도 나도 삼류 코미디 영화에만 뛰어들고 있으니 안타까운 일이 아닐 수 없다. 영화 관계자들 모두에게 반성의 기회가 생겨나기를 바란다.

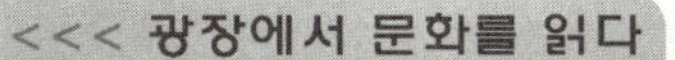

V. 해리포터와 판타지의 역습

해리포터, 어떻게 볼 것인가?

판타지에서 무슨 선한 것이 날 수 있는가?

1 해리포터, 어떻게 볼 것인가?

계몽주의적 합리성의 반작용

토인비는 문명과 역사가 도전과 응전으로 이루어진다고 보았고 헤겔은 절대정신의 변증법적 순환을 통하여 이루어진다고 보았다. 토인비의 시각으로 보든, 헤겔의 관점으로 보든, 해리포터 시리즈가 유행하고 있는 것을 보면 인간의 문명이 돌고 도는 것만은 분명한 듯하다. 세계를 떠들썩하게 만들고, 세계적인 초베스트셀러로 떠오른 해리포터 시리즈는 사람들이 흔히 황당무계하게 생각하는 구조를 얼개로 하는 소설이다. 환상 소설의 형식을 가지고 있는 해리포터 시리즈는 21세기, 정보통신의 시대, 초과학적 문명 시대 등의 개념과 연관하여 볼 때 매우 동떨어진 이야기처럼 들리기도 한다. 이러한 과학 문명의 시대에 왜 갑자기 판타지 문학이 등장하여 주목받게 된 것인가? 과학과 합리성으로 역사를 일구어가는 시대에 어떻게 이러한 문학 장르가 세계인들을 사로잡게 되었을까?

이성의 공동화는 급기야 뉴에이지를 불러

20세기는 J. 아탈리의 말대로 "악마적 시대"였다. 인명 살상과 이데올로기적 반목이 극에 달했던 시대였기 때문이다. 프랑크푸르트 학파의 문명 비판에서는, 오늘날 우리가 살아가는 현대를, 계몽주의 시대에 발견된 이성이 장난감이나 도구로 전락하여 그로 인한 이성의 역작용이 나타나는 시대로 해석한다. 마르쿠제는 이성의 도구화 아래에서 현대인들이 일차원적 단순한 인간(onedimensional man)으로 몰락하고 있다고 경고하였다. 이제는 이성과 과학에 권태를 느끼게 된 것이다. 이를 이성의 공동화 현상이라 한다.

뉴에이지 운동은 과학 문명에 대한 싫증과 극도의 합리화에 대한 반작용으로 생겨났다. 즉, 초월적인 현상을 현실에 끌어들여 한계를 극복해 보려는 욕망에서 비롯된 것이다. 이를 통해 인간은 합리적 이성으로 해결하지 못한 것을 현실화 해보려고 발버둥친다. 뉴에이지는 그래서 인간을 신의 자리에 올려놓고, 만물이 신과 하나라고 주장하기에 이르렀다.

과거 낭만주의적 기법을 리바이벌 해

해리포터는 단순한 허구가 아니라, 현대 문명의 여러 가지 폐해를 담고 있는 현실 반영의 텍스트이다. 이성에 질리고 합리주의에 식상해진 현대인들, 논리적이고 틀에 박힌 사고 구조에 반항하는 세계인들에게 초월적이며 환상적인 구조를 접하게 함으로써 환영을 받게 된 것이다. 이 작품이 성공할 수 있을 만한 시대적 분위기가 무르익었다고 할 수 있다. 중세 시대의 억눌린 감성이 르네상스를 발견하고, 계몽주의와 고전주의에 식상한 사람들이 낭만주의를 발견한 것과 같은 이치이다.

마법은 현실을 보는 또 다른 창이다

해리포터는 어린이나 성인 독자에게 여러 가지 유익을 준다. 우선, 세계가 이성과 합리성으로만 이루어진 것이 아님을 보여준다. 환상(phantasy)은 환영(illusion)처럼 부정적인 기능을 갖고 있는 것이 아니라, 오히려 기계처럼 돌아가는 현대 도시의 구조적 메커니즘으로부터 해방시켜 주는 역할을 한다. 마술에 의한 변신은 또한 얼마나 매력적인가. 〈포켓몬스터〉라는 만화가 그렇게 유행했던 것도 변신의 응용력 덕분이다. 따라서 해리포터의 마술 학교, 마법의 대결, 마법 훈련 등등은 고착적인 사고에 갇혀 있는 현대인들에게 하나의 작은 탈출구가 된다. 무한한 상상력 속에서 현대 도시 문명이 주는 권태를 스스로 상쇄시킬 수 있게 되기 때문이다.

비역사성을 조장

그렇다면 이 작품은 순기능만을 가지고 있는가. 신화적, 상징적 가치를 상실한 문명이 인간의 내면 세계를 척박하게 만들었고, 그 부작용에 몸살을 앓던 현대인들에게 있어서 환상 소설이라는 장르는 하나의 위안이 되었다. 그러나 그러한 이유 하나만으로 해리포터의 대중성을 정당화시켜서는 안 된다. 비현실적인 구조로 이루어

져 있는 해리포터는, '성공 신화'의 유혹에 빠져있는 현대인들에게
비역사성을 부추기는 역기능을 수행한다.

어린이들이 이를 무분별하게 모방하는 현상도 문제가 된다. 작품
에 등장하는 마법의 주문(magic words)은 기상천외한 언어 조합으
로 언어가 가지는 고유한 개념과 문법에 혼란을 일으켰고, 어린이
들에 의해 종교적인 주문으로까지 격상되기도 하였다. 또한 갈등의
해결이 사회적인 규칙과 질서, 법, 인격적인 대화 등을 통하여 이루
어져야 함에도 불구하고, 마법을 통해 한순간에 해결되도록 설정한
내러티브는 현대인들에게 결핍되어 있는 극복의 정서를 더욱 고갈
되게 한다. 이러한 플롯은, 동화가 갖는 비현실적이며 비역사적인
특성을 십분 인정한다 하더라도 완전히 승복할 수 없는 것이다. 독
서 행위는 책이라는 수단을 통하여 인류의 역사와 문화를 간접 경
험하는 교육의 일환이다. 따라서 그 내용이 오로지 흥미 위주의 내
용으로 일관된 것에 대해서는 우려하지 않을 수 없다.

해리포터는 소비적 대중문학의 하나

해리포터는 대중 문학이다. 대중적이라는 것은 우선 대량 소비를
목적으로 한다. 대중이 요구하고 있는 부분을 작품화하여 대리 만
족과 카타르시스를 체험하게 해주는 것이다. 그러므로 소비자가 정
확히 소비 상품에 대한 이용도를 알고 대처하면, 오락적 기능의 차
원에서는 성공한 작품이라고 할 수 있다. 하지만 공리적 기능의 측
면에서, 해리포터의 열풍이 세계적이라는 것과 수많은 어린이들이
책을 가슴에 껴안을 정도로 열광하고 있다는 것을 기억한다면, 이

에 맞는 교육학적인 독서 지도도 뒤따라야 할 것이다. 책읽기는 무
엇보다도 정신의 양식이기 때문이다.

2 판타지에서 무슨 선한 것이 날 수 있는가?

판타지의 역습

우리 시대의 문화에는 이제 판타지 아닌 것이 없을 정도로 판타지가 유행이다. 문학을 봐도, 음악을 봐도, 영화를 봐도, 거리의 포스터를 봐도, 판타지의 물결이다. 현시대를 이미지의 시대라고 할 때 확실히 그 중심에 판타지가 서 있는 것을 알 수 있다. 그리고 문명사적으로도 이제 다시 판타지의 시대로 복귀할 만하다는 타당성에 고개가 끄덕여진다. 20세기 초반부터 세계적 전쟁에 휘말려 왔던 인류는, 전쟁의 원인이 뜻밖에도 이성(理性)이었다는 결론에 경악했던 것이다.

이성의 시대는 최소한 몇백 년을 승승장구하면서 세계를 지배해 왔다. 계몽주의자들이 환희하며 맞이했던 합리주의(rationalism)는 종교가 되고, 정치가 되고, 기계가 되고, 급기야는 인간을 억누르는 이데올로기가 되었다. 인간은 이성이 위험한 도구로 돌변하여 암과 같이 삶의 모든 현장 속에서 온몸을 고목화(枯木化)시킨다는 것을 뒤늦게 깨달았다. 고정된 틀에 끼워 맞추고, 강제로 규격에 일치시키고, 한 치의 오차도 허용치 않는 정확성을 추구하던 이성은 오히려 인간을 억압하는 장치로 변했다. 인류는 숨통을 틔워 줄 만한 그 무엇을 찾기 시작했다. 우리 시대에 판타지가 다시 등장한 것은 그런 갈등의 후유증인 셈이다. 문화사가들은 그것을 일컬어 '시대의 반동(reaction) 현상'이라고 표현한다. 고상해 보이는 『그리스-로마 신화』에서부터 판타지의 고전인 『반지의 제왕』, 『나르니아 연대기』, 혹은 아동용 동화 『오즈의 마법사』, 『이상한 나라의 앨리스』, SF 공상 영화 〈E. T.〉, 〈스타워즈〉 그리고 오늘날의 해리포터 시리즈 등에 이르기까지, 이성의 시대가 그 전성기를 끝내고 서서히 새로운 시대에 자리를 내주는 지점에서 이와 같은 판타지의 깃발을 만나게 된다.

이러한 현상을 바라보는 기독교 일각에서는 염려의 시선을 감추지 못하고 있다. 실제로 문화 예술을 다루는 사람들이 무절제하게 판타지를 조작하거나 왜곡하고 있기 때문이다. 그렇다고 하여 무한한 보고(寶庫)인 판타지의 영역을 인간의 잠재 의식 속에만 묻어두자는 것은 아니다. 더구나 판타지에서 무슨 선한 것이 날 수 있느냐고 배척하는 것은 또 다른 독선적 시각에 지나지 않는다.

판타지, 그 자체

판타지(phantasy)란 무엇인가. 우리가 이에 대해 흔히 갖는 선입견은, 판타지가 대체로 유익하지 못하거나 비신앙적인 요소로 채워져 있다고 보는 것이다. 이때 판타지는 종종 공상(空想), 망상(妄想), 환상(幻想, illusion) 등의 의미로 사용된다.

그러나 먼저 알아야 할 사실은, 판타지란 인간이 소유하고 있는 순수한 심리 현상이라는 점이다. 이미지가 마음속에 떠오르는 심상(心象, mental picture)이라면, 판타지는 이미지를 생산하는 기능 또는 그 결과를 지칭하는 것이다. 이러한 경우에 판타지는 상상력(imagination)과 동일한 의미로 사용된다. 판타지는 모든 인간에게 주어진 하나님의 선물로서 이성과 감성을 이어주는 흥미로운 감각 기능이다. 따라서 판타지를 정의할 때, 두 물체를 매개해 주는 예민한 센서(sensor)에 비유하기도 한다.

다시 말하면 이성은 자신의 논리만으로 세계를 모두 설명할 수 없다. 물론 감성만으로도 모든 것을 체험하거나 해석할 수 없다. 그렇다면 이성과 감성의 단절을 어떻게 메꿀 수 있을 것인가. 판타지는 이 간격을 보완해 주는 기능을 한다. 세계는 정확한 문법이나 현란한 수사학으로도 다 설명할 수 없는, 그 이상의 질료로 되어 있다. 인간은 종종 실현 불가능한 상황에 부딪히게 되는데 이 때 판타지를 사용할 수 없다면 결코 창조적인 세계로 나아가지 못할 것이다. 이성과 감성을 연결시켜 주는 판타지의 역할이야말로 세계를 새로운 차원으로 확장시키는 놀라운 기능인 것이다.

사소한 것이지만 인류 문명사에서 획기적인 발견으로 손꼽히는 것들이 있는데 지우개도 그중 하나에 속한다. 지우개는, 어떤 대상을 그렸다가도 다시 원위치시켜 새롭게 시작할 수 있다는 새로운 인식을 인류에게 전해주었다고 평가되는데, 판타지에도 이러한 기능이 내재되어 있는 것이다. 판타지라는 공간에서 인간은 모든 것을 그려볼 수 있고, 다시 지우거나 교정하여 새롭게 시작할 수 있다. 재생산(reproduction)의 면에서 보자면, 판타지는 별다른 손해 없이 끊임없는 재시도의 공간을 가질 수 있도록 허락한다. 나사

(NASA)에서 연구하는 우주항공 역학에 판타지가 활용되지 못했다면 그 막대한 연구비와 재료를 어떻게 매번 충당할 수 있었겠는가. 컴퓨터가 실행하는 각종 시뮬레이션 프로그램의 원리는 실상 판타지를 이용한 아주 작은 예에 지나지 않는다. 판타지는 인간에게 주어진 너무도 훌륭하고 값진 능력이라 하지 않을 수 없다.

생산적 차원의 판타지에서 한 걸음 더 나아가면 판타지가 내러티브(narrative)와 결부되는 현상을 발견하게 된다. 내러티브는 대상과 대화하는 데서 출발한다. 나무가 노래를 한다거나 동물이 말을 한다는 식의 상상은 동화나 이야기에서 의인화의 과정을 거쳐 중요한 모티브로 쓰인다. 의인화는 판타지에서 아주 중요한 요소가 되는데, 이것은 인간이 만물과 의사소통(communication)하려는 욕망을 포기하지 못하고 있음을 암시하는 것이다. 이럴 때 사용되는 판타지는 충동적 판타지이다. 여기서 충동이라는 말은 새로운 것을 만들어 내는 창발성을 가리킨다.

이러한 이야기들이 점차 확장되어 등장인물도 다양해지고, 그 내용도 구체화된다. 예를 들면 어떤 민족이 생긴 기원이나, 어느 지역에 존재하는 거대한 자연물을 이야기 속으로 끌어들여 판타지의 옷을 입히는 것이다. 판타지가 역동적 내러티브로서 마을이나 사회 속에 영향력을 끼치게 되는 경우, 우리는 그것을 민담 또는 전설이라 부른다. 민담이 구성과 예술성에서 일차원적이라면 신화(myth)는 다차원적인 구조를 띤다. 신화를 다른 말로 하면 민족 공동체 차원의 내러티브라고 할 수 있으며, 이는 민족이 공유하는 판타지가 되는 것이다. 신화가 종교와 연관되어 특정 민족의 세계관, 가치관, 관습, 일상 생활 등에 영향력을 미치게 되는 것이 판타지의 힘이다.

한 사회에 공유되는 판타지나 신화가 어떤 내용이냐에 따라 공동체의 성격과 운명이 달라질 수 있다고 보는 것은, 판타지가 공동체에 속한 개인을 결속하고 지배하는 기능까지 담당하기 때문이다.

판타지가 진리를 표현해 줄 수 있는 또 다른 언어라는 자각은, 인류 공통의 현상이라고 할 수 있다. 초자연적 현상이나 권위는 논리적으로 설명한다는 것이 불가능하다. 민족 설화와 같은 신화들이 대개 판타지의 형식을 취하고 있는 것은, 지엽적 논리로는 포괄할 수 없는 부분들이 많기 때문이다. 신화를 소유한 공동체는 언어 뒤에 숨겨진 또 다른 세계를 표출하기 위해 새로운 표현 양식을 구하게 된다. 이 때 판타지는 일상적인 언어의 문법과 의미망을 넘어서야 할 필요를 느낀다. 일상적인 언어는 판타지의 세계에서 해체되고 다른 옷으로 갈아입게 된다. 판타지가 때로 황당무계하게 보이는 것은 이 때문이다. 우리가 꾸는 꿈이 일반적으로 비약이나 도약으로 구성되는 것과 같다고 할 수 있다. 하지만 건강한 판타지라면 진실에 대한 비유와 복선을 잊지 않는다. 그런 면에서 판타지는 가시적인 세계를 비가시적인 세계로 전환시키는 미디어이자 알레고리이다. 판타지는 공허한 사유에서 생겨난 것이 아니라 진리를 최대한으로 표현하고자 하는 의도에서 탄생한 언어의 또 다른 수사학이라 할 수 있다.

판타지의 비극

그런데 이렇게 긍정적이고 선하게 활용될 수 있는 판타지가 지금에 와서는 어떠한가. 판타지의 역기능적인 현실에 접근하기 전에,

우선 판타지의 다른 기능을 알아보자. 판타지는 인간의 의식에 내재해 있기 때문에 인간을 떠나서는 존재할 수 없다는 피동성을 갖고 있다. 따라서 심리 분석이 당사자의 인격에 대한 분석으로 귀결되듯, 판타지 분석도 같은 맥락에서 이해해야 한다. 한 시대의 판타지를 파악하면, 그 시대를 살아가는 사람들을 이해할 수 있게 되는 것이다.

판타지는, 인간이 자신의 욕구를 투영(project)시켜 새로운 세계를 만드는 데 기여하게 한다. 위에서 언급한 것처럼, 사람들은 판타지라는 공간에서 자신의 꿈과 계획, 그리고 아이디어를 끊임없이 재설계 할 수 있다. 이렇게 인간 내면에서 이루어지는 가상 시뮬레이션은 판타지라는 공간에서만 가능한 일이다. 이로서 인간은 무한히 열린 공간으로 자신의 세계를 확장할 수 있는 발판을 얻게 된다. 판타지가 종종 모험(adventure)적인 플롯으로 구성되어 있는 것은 이러한 연유 때문이다.

그런데 현시대의 판타지는 본래의 역할에 충실하지 않은 것 같다. 판타지는 능동적이고 창조적인 기능으로 동시대인들을 활성화시켜야 하는데, 오히려 사람들을 생활 속에서 일탈시키고, 탈출 욕망을 부추기는 데 이용되고 있는 것이다. 판타지는 사람들로 하여금 유토피아(utopia)를 꿈꾸게 하고 새 세상을 건설할 수 있는 비전을 심어주어야 하지만, 현대 사회 속에 등장하는 판타지는 상당 부분 몽환적이고 비현실적이다. 세계적 베스트셀러가 된 해리포터 시리즈 역시 마법과 판타지를 뒤섞어, 분별력이 없는 아동들에게 적지 않은 폐해를 주고 있다. 해리포터를 읽은 많은 아이들이 책 속에 나오는 주문을 실제로 외운다는 보고가 이를 증명하고 있다. 욕망을 실현하는 방법으로서의 판타지는 현실감을 잃게 하고, 마법의 지배를 자연스러운 현상으로 받아들이게 하는 이교적 관습을 퍼뜨린다.

간과할 수 없는 사실 중의 하나는, 판타지가 현대의 문화 권력에 지배당할 위험에 처해있다는 것이다. 문화 권력은 문화의 내용과 흐름을 자신이 원하는 방향으로 조작하는데, 이것이 동시대인들의 진정한 의사와 관계없이 움직일 때는 비인간적이고 비윤리적인 경향을 띠게 된다. 그 중에 가장 비극적인 현상이 바로 성적 이미지에 이용되는 판타지일 것이다. 성적 이미지는 우리 시대에 체험할 수 있는 감각 중에서 최후, 최고의 것으로 치부되고 있기 때문에, 이를 이용하여 삶의 주변적 요소들을 성적 이미지로 치환하려는 사람들이 생겨난다. 예를 들어 자동차쇼, 모터쇼, 프로 경기 등에 그 내용과는 직접적 관련이 없는 미녀들이 예외없이 등장하는 것은, 성적 판타지를 이용하여 눈길을 끌려는 업자들의 얄팍한 속셈이 노출된 사례이다. 이에 뒤질세라 종합 예술답게 영화는 한술 더 뜬다. 이제는 성적인 코드가 가미되지 않은 영화가 없을 정도로 그것은 일종의 관행이 되었다. 몇 년 전 개봉된 〈거짓말〉이라는 영화는 포르노 수준의 판타지를 영상으로 구체화시켰고, 〈감각의 제국〉에서는 살인 행각을 성적 판타지와 연결시켰다.

성적 판타지가 상업적으로 활용되어 대중문화와 손을 잡게 되면 그 결과는 매우 참담해진다. 트랜스젠더로 알려진 하리수는 자신의 이미지를 섹스 심벌로 규정하여 활동한다. 그러나 성 정체성에 대한 담론을 시작하기도 전에 성적 판타지를 내세워 이익을 추구한다는 것은 안타까운 일이다. 또한 인터넷망에서 돈을 벌기 위해 작위적으로 만들어진 많은 섹스 동영상들은 유치한 수준을 넘어 역겨운 위악을 조장하는 데까지 이르렀으니 이 시대에 혹사당하는 판타지의 문제는 매우 심각하다.

현재 판타지가 유행하는 이유 중의 하나는, 현대인들이 현실 생활에서 그 어느 때보다 실패와 절망을 많이 체험하고 있기 때문이다. 군중 속의 고독을 느끼는 현대인, 소외를 스스로 극복하지 못하는 현대인들이 받아야 할 보상은 지금 이곳에서 발견할 수 없다고 체념하는 것이다. 따라서 이들은 또 다른 공간으로 떠나려는 욕망을 갖게 된다. 판타지는 이때 정치적인 유토피아처럼, 현대인들에게 도피 공간을 제공한다. 우리 사회에 유행하고 있는 '조폭' 신드롬은 귀속감에 대한 판타지가 만들어 낸 허상이다. 조직 폭력 집단의 도덕적 문제와는 관계없이 단지 그 안에 존재하는 결속력, 상하 관계, 힘의 세계만을 동경하는 것이다. 〈친구〉, 〈죽거나 혹은 나쁘거나〉, 〈조폭 마누라〉, 〈달마야 놀자〉 등의 액션 영화가 대중에게 반향을 얻는 것은, 그러한 왜곡된 판타지 때문이라고 볼 수 있다.

판타지의 회복

몇 가지 예에서 살펴본 대로 현재 우리 시대에 나타나는 판타지에 부정적인 면이 많다고 해서 모든 판타지를 포기해 버릴 수는 없다. 책임 있는 크리스천으로서 우리 시대의 천박함과 비윤리성, 상업성에 내던져진 판타지를 어떻게 구원할 수 있을 것인가?

판타지는 원래 선한 것이었다. "하나님이 지으신 모든 것이 선하매"(딤전 4:4)라는 말씀에서 볼 수 있듯이 선하지 않은 피조물은 없다. 판타지도 그중 하나이다. 하나님께서 만물을 창조하실 때 피조된 대상에 대해 "보시기에 좋았더라"라고 판단하셨던 것처럼 판타지는 피조된 인간 안에 심겨진 좋은 기능이요 질료였던 것이다. 하나님은 보이는 세계 뿐 아니라 보이지 않는 세계도 만드셨으니, 판타지는 보이지 않는 세계에 속하는 피조물이라 할 수 있다.

그러나 판타지의 옳고 그름을 판단하기에 어려운 점은, 눈에 보이지 않기 때문에 그 본질을 꿰뚫어 볼 수가 없다는 데 있다. 하지만 길이 없는 것은 아니다. 판타지가 드러나는 현상을 관찰하면 그 본질도 파악할 수 있을 것이다. "그의 열매로 그들을 알리라."(마 7:20) 판타지 자체는 중립적인 것이지만 여기에 인격(personality)이 가미되면 그 때부터 그 활동에 있어서 선악이 분명해진다. 그러므로 판타지를 말하면서 죄를 그냥 지나칠 수는 없는 것이다. 기독교 상담학자 J. 아담스는 죄의 속성을 이렇게 지적했다. "죄는 정상적인 사고를 할 수 없게 만들 만큼 인간에게 치명적이다." 이것을 판타지에 적용하여 "죄는 판타지가 정상적으로 기능할 수 없게 할 만큼 치명적이다."라고 바꿔 말할 수도 있을 것이다.

우리 시대의 판타지에 대해 긍정적인 판단을 내릴 수 없는 이유는 역시 죄의 문제 때문이다. 죄의 영향이 판타지를 오염시켜 왔던 것이다. 판타지를 회복시키기 위해서는 무엇보다도 판타지에 대한 오해를 제거해야 한다. 그 오해에 관해서는 위에서 어느 정도 언급하였다. 판타지를 본래 세속적이고 사단적인 요소가 가득한 것으로 규정하고 이것이 타락한 문화에 활용되고 있다는 생각에 고착되어 있다면 판타지를 회복시킬 수 없다. 판타지는 본래 하나님으로부터 선하게 창조된 피조계의 일부라는 인식이 먼저 생겨나야 한다. 그렇게 되면 판타지를 보는 눈이 달라지게 된다. 판타지가 이 시대에 얼마나 혹사당하고 착취당하며 신음하고 있는지 알게 된다는 말이다. 판타지는 하나님의 세계를 더욱 확대하고 발전시킬 수 있게 하기 위하여 인간에게 부여하신 선물임을 간과해서는 안 된다.

다음으로 기독교 역사에서 판타지가 활용되어 왔던 사실을 기억해야 한다. 기독교 신비주의가 그 대표적인 예이다. 에카르트(Eckhart), 타울러(Tauler)와 같은 신비주의자들은 판타지가 종교적 진리를 나타내는 데 얼마나 귀중한 도구인가 하는 것을 알려준 선각자들이다. 가령 하나님에 관해서 말할 때 "하나님은 빛이시다"라는 표현을 보다 감각적인 차원으로 승화시키기 위해 빛에 관한 고도의 유비적 수사학을 사용하였다. "찬란한 암흑"이라는 말은 문법적으로는 올바르지 않지만, 하나님의 임재를 나타내는 표현으로 사용되었다. '암흑'을 끝없이 광대한 세계, 즉 하나님의 현존에 대한 표현으로 사용하고, 빛이신 하나님의 이미지를 '찬란함'으로 나타낸다면, 이렇게 모순된 두 개념의 중첩도 판타지의 차원에서는 가능한 의미가 되는 것이다.

그동안 기독교 세계는 구원과 중생, 말씀과 기도, 전도와 선교라는 실용적 개념을 위주로 구성되어져 왔기 때문에 판타지의 개념에 대해 여유 있는 자세를 가지지 못하였다. 게다가 세속 사회가 판타지를 독점한 것처럼 자의적으로 판타지를 취급했던 풍토 때문에 거리를 두게 되었던 것도 사실이다. 그러나 기독교 세계가 세상에 남긴 많은 비유와 원형(archetype)을 생각한다면, 더 이상 판타지를 방치해서는 안 된다. 판타지를 잘 활용하면 기독교 신앙에 적대적인 사람들에게도 문화를 통한 복음 전파가 가능해질 수 있다. 판타지 문학은 대부분 다음과 같은 원형적 플롯으로 구성되어 있다: 선과 악의 존재, 악의 지배, 선의 고통, 구원자의 등장, 악의 지배자에 대한 구원자의 대항, 구원자의 편과 악의 편의 구분, 구원자의 해방, 선의 궁극적 승리 등등. C. S. 루이스가 그의 판타지 소설 『나르니아 연대기』에서 활용한 플롯이 바로 이러한 것들이다. 판타지는 체험할 수 있는 현실 그 자체는 아니지만, 현실의 전단계이며 진실을 표현하는 또 다른 언어이자 매개체이다. 이것을 기억하며 잃어버린 고토(古土) 판타지를 회복하는 데 힘써야 하겠다.

VI. 사회문화 현상학을 말한다

'여행'은 미친 짓이다

56.9%, 올 것이 왔다

월드컵이 제국주의적이라굽쇼?

물신(物神)과 충동의 거리에서

카니발을 멈추고 주의 평화를 맞이할지어다

주술, 역술은 왜 아직도
– 계몽주의, 아직도 할 일이 남았는가?

1 '여행'은 미친 짓이다

여행의 달콤한 유혹

"열심히 일한 당신, 떠나라!" 한때 우리 귓전을 자주 울렸던 어느 광고 카피이다. 땀을 뻘뻘 흘리며 일하던 화이트칼라는 불현듯 책상을 떠나 공상의 세계로 들어간다. 그는 잠시 동안 푸른 물결로 출렁이는 파도와 흰 모래사장을 떠올리며 호흡을 고른다. 꽉 짜여진 구조 속에서 숨 한 번 크게 내쉴 수 없는 현대인들에게 그 짧은 메아리는 구원과 같은 충동이 아닐 수 없다. 그래서 그런지 여행사마다 부킹이 한창이다.

아름다운 순례

여행이란 얼마나 가슴 벅차고 즐거운 일인가? 미지의 세계를 향하여 간다는 것. 여행은 두말 할 필요 없이 인간의 내면을 살찌우고, 폭넓게 해 주는 성장의 여백이다. 자식을 사랑하면 서울로 보내고, 세상 밖으로 내보내라고 하지 않았던가.

여행은 기독교에 있어서 통과의례적 개념으로 받아들여진다. 아브라함은 긴긴 여행을 통해 하나님과 동행하는 축복을 누렸고, 야곱은 라반의 집을 오가는 수십 년의 여행을 통해 족장으로 귀환했다. 요셉의 여행은 또 어떠한가. 이방 생활을 통하여 '하나님의 위대한 섭리'를 증거하지 않았던가.

기독교적인 여행 모티브는 존 번연(J. Bunyan)에 와서 정점을 이룬다. 『천로역정』이 바로 그것이다. 크리스천이라는 이름의 사나이가 체험하는 여행은 삶의 과정적 순례다. 작가는 인생이 천국을 향한 순례라는 것을 그림처럼 펼쳐 보인다.

이상한 열풍, 현실로부터의 도피

그런데 이상한 여행들이 기회를 틈타 현대 문화로 파고든다. 언제부터인지 신문 광고란 등에 '전생 여행'이라는 작은 코너가 심심치 않게 등장하더니, 이제는 보란 듯이 TV에서 유명 연예인들을 상대로 전생을 폭로한다. 당사자들은 "전생에 당신은 말미잘이었습니다"라고 해도 웃고, "전생에 당신은 히틀러였습니다"라고 해도 웃는다. 그저 색다른 소재의 이야기를 들려 주는 전생 여행이 흥미롭기 때문이란다. 그러나 그들이 단순히 흥미를 느끼기 위해서만 이런 기획에 참여하는 것 같지는 않다. 아무 근거도 없이 이러쿵저러쿵 둘러대는 해석에도 당사자들은 그것이 마치 진실이기라도 한 것처럼 진지하게 고개를 끄덕이는 것이다. 우리 나라 대통령들의 전생에 관해 상세하게 기술한 어느 외국인 전생 연구가의 글이 생각난다. 한 치 앞도 모르고, 두 치 뒤의 일도 재현할 수 없는 인간들이 어찌 수십 년, 수백 년 전의 사건을 필연이라고 주장할 수 있단 말인가. 현실에서 잠시라도 벗어나고 싶어하는 현대인들의 소박한 기대 심리를 이용하여 왜곡된 도피처로 안내하는 상업 문화에, 시청자들은 또 한번 휘둘리게 되는 것이다.

그런데 이보다 더욱 우리를 소름끼치게 만드는 여행이 있으니, 이름하여 '자살 여행'이다. 이 여행이 소외된 현대인들을 어떻게 매혹시키는지는 잘 알 수 없지만, 그 파괴력은 몸서리쳐질 만큼 위협적이다. 여행을 떠나는 자들이 백발백중 주검이 되어 끝나는 여행이기 때문이다. 얼마 전에도 젊은 청년과 여고생 두 명이 고층 아파트에서 뛰어내렸고, 자살에 관한 테마로 만들어진 인터넷 사이트를 통해 비관적 경험을 공유한 많은 이들이 여관방과 수많은 밀실에서 완벽한 현실 도피로서의 죽음을 선택하고 있는 것이다.

내가 유학하던 시절, 뮌헨에서 한 남자의 자살 소식을 접하게 되었다. 전해 들은 이야기에 의하면, 이 사람은 UFO와 외계인의 존재를 믿었고, 항상 우주를 그리워했다고 한다. 자신은 외계인의 후손이라는 둥, 고향인 우주로 가야 한다는 둥, 늘 허튼 상상을 하기 일쑤였고, 대니켄(Daeniken)이라는 작가가 쓴 신비적인 내용의 책을 탐독하곤 했다는 것이다. 결국 그는 "나는 내 고향 우주로 간다"는 유서를 남기고 권총으로 스스로 목숨을 끊었다. 자살 여행을 감행한 것이다.

여행은 매혹적이다. 또한 권태로운 일상으로부터 떠나고 싶어하는 것은 인간의 본능이다. 그러나 이것이 현실과 접목되지 않는 자극적 충동으로 귀결된다면, 정신과 몸을 파괴시키는 커다란 사회문화적 해악으로서 우리를 병들게 할지도 모른다.

2 56.9%, 올 것이 왔다

드디어 올 것이 왔다. 마치 조용한 폭풍처럼, 소리 없이 다가오는 맹수처럼 올 것이 오고야 말았다. "56.9%" 이 숫자는 일간지들이 앞다퉈 발표한 청소년 인터넷 사용에 관한 연구 조사에서 인용한 것으로서 "하루라도 인터넷을 하지 않으면 불안을 느낀다"고 응답한 학생들의 통계 수치이다. 통계를 담당한 기관은 이 수치가 '인터넷 중독'을 가늠할 수 있는 기준이 된다고 평가했다. 인터넷을 사용하는 청소년의 56.9%가 중독 현상을 보이고 있다는 것이다. 우리는 이러한 현상을 하나의 시대적 징후로 자연스럽게 받아들이기 보다는 다음과 같은 논의로써 이에 대한 공동의 과제를 수립해야 한다.

1) 어떻게 인터넷을 사용하는 청소년 중 56.9%에 달하는 청소년들이 인터넷 중독에까지 이르게 되었는가?
2) 인터넷의 영향력을 미리 파악하지 못하였는가?
3) 청소년들에게 유해한 인터넷 컨텐츠는 무엇이며, 차단할 수 있는 프로그램에는 어떤 것들이 있는가?
4) 성인 위주의 인터넷 환경에서 앞으로 청소년들에게 적합한 컨텐츠와 정보를 어떻게 제공할 수 있는가?

5) 인터넷으로 빠르게 변화되어 가는 인간 본성의 균형을 위해
   어떤 구조적 조치가 필요한가?

안타까운 것은 청소년들에게 인터넷 보급을 담당하는 중앙 기관인 정부, 학교가 보급률에만 열을 올린다는 점이다. 세계적인 정보망 구축, 정보 고속도로 인프라, 전국을 하나로 묶는 인터넷 학습 체제 구축 등의 호화스러운 구호에 매료되어, 인터넷 뒤에 도사리고 있는 역기능에 대해서는 미처 관심을 갖지 못하였던 것이다. 실제로 학교 인터넷 망에서 음란물, 성인물에 접속한 청소년들이 20 ~30%에 이른다는 통계는 청소년들이 아무런 제재 없이 인터넷 환경에 과다하게 노출되어 있다는 것을 보여 준다.

이에 대한 지금까지의 대책은 매우 소극적이었다. "소 잃고 외양간 고친다"는 속담처럼, 일이 터진 후에야 겨우 음란물 차단 프로그램을 설치하는 등의 지극히 소극적인 방법 외에는 별다른 대책이 없는 듯하였다.

인터넷과 관련된 청소년 문제는 한국적 상황의 다른 많은 문제들과 맥락이 닿아 있다. 우리 나라는 특이하게도 대입, 취직, 진로 문제와 학교 제도가 매우 밀착되어 있어서 경직된 구조를 이루게 된다. 학교란, 마치 점수로 학생들을 재단하고 잘라내고 떨어뜨려서 사회 인력 수급을 조절하는 무시무시한 기관인 것 같은 느낌을 준다. 개화기 이후 100년에 가까운 신식 교육을 실행하고 있는 현재, 입시 창구에 몰려있는 사람들의 물결을 보고 있노라면, 지금까지 교육 행정이 무슨 정책을 일관성 있게 해 왔나 하는 의심이 간다. 이런 현실 속에서 청소년들이 출구를 필요로 하는 것은 당연한 결

과이다.

인터넷을 비롯한 여러 가지 청소년 문제는 고답적인 학습의 울타리에만 묶어 놓은 성적 우선주의가 낳은 결과이다. 다양화되어 가는 청소년들의 기호, 특기, 성격, 관심 등을 포용할 수 있도록 제도권 교육도 변화되어야 한다. 청소년들을 국가, 민족, 그리고 사회를 위한 동량재로 성장시키려면 보다 적극적인 대안이 필요하다. 그중 몇 가지를 제안해 본다.

첫째, 학교가 먼저 변해야 한다. 시대와 학생들의 변화를 미리 파악하고, 대처할 수 있도록 해야 한다.

둘째, 그러기 위해서는 교사들이 시대에 민첩해져야 할 필요가 있다. 대입 성적에 모든 관심이 집중되지 않도록 교사들을 먼저 자유롭게 해방시켜야 한다. 교사들이 대입과 취직 등 근시안적인 성과에 매진할 수밖에 없는 현 제도에서 청소년의 중독 현상(그것이 어떤 형태라 할지라도)에 대한 대안은 실현되기 힘들다고 본다.

셋째, 학교 수업 제도와 과목이 대폭 조정되어야 한다. '국영수'라는 소위 대입 '삼위일체'는 사라져야 할 것이다. 학생 특기 적성에 맞는 프로그램을 실행하고, 그것이 대입이나 진로에 적용될 수 있도록 전방위적인 변화가 시도되어야 한다.

넷째, 놀이 문화를 확대해야 한다. 놀이는 시간 죽이기가 아니라 재창조(recreation)임을 기억해야 한다. 축구를 하든, 농구를 하든, 오재미를 하든, 종이접기를 하든 학생들의 입에서 "학교가 재미있다"는 소리가 다시 울려 퍼져야 한다. 요즘 아이들에게 있어서 학교는 전혀 즐거운 현장이 아니다. 학교 붕괴, 교실 붕괴는 결코 우연이 아니다. 아이들이 수동적으로 수업을 받을 뿐 아니라 자발적이고 창조적인 자기 계발을 할 수 있도록 '놀이'의 측면을 확장해야 한다. 학교 내에 교사를 위한 테니스 코트나 승용차 주차장을 만들기 이전에 학생들을 위한 놀이 시설, 체육 시설, 공연 시설 등등이 먼저 설치될 수 있도록 고려해야 한다. – 모순적인 사항을 하나 지적한다면, 자전거 타기는 국가적인 운동이지만 학교에는 자전거 설치대가 별로 구비되어 있지 않다.

다섯째, 확실한 미래관을 가르쳐야 한다. 추상적인 미래관이 아니라 한국인으로서 어떻게 세계 속에서 살아가야 할 것인지에 대한 국민 기본 윤리교육이 병행되어야 한다는 것이다. – 여기서 윤리교육이란 과거 행해졌던 맹목적인 국가 신봉주의나 극우적인 민족 우월주의를 말하는 것이 아니다.

지금 한국의 청소년들은 문화적으로 외국의 문화 제국주의에 점령당해 가고 있는 느낌이 든다. 힙합 바지, 랩 음악, 맥도날드 햄버거, 할리우드 영화 등 이미 익숙해진 기호들이 이를 대변한다. 그러므로 한국 사람으로, 세계인으로, 어떠한 가치관을 가지고 살아가야 하는지를 교육해야 한다. 56.9%라는 수치가 암시하는 있는 현상에 경각심을 느끼면서, 다시 시작하는 마음으로 우리 나라 청소년들의 영적, 현실적 부흥을 위하여 고민하고 고심할 일이다.

3 월드컵이 제국주의적이라굽쇼?

월드컵은 짧다, 그러나 인생은 길다

월드컵이 끝났다. 2002년 6월 한 달 동안 우리는 깊은 중병을 앓은 듯했다. 풀벌레들의 모기 날갯짓 소리마저 철저하게 봉쇄된 한 달이었다. 모든 귀는 닫히고 마치 환청처럼 한 가지 모노톤(monotone)만이 귓가에 맴돌았다. 그것은 과거 독재 정권하에서 들어야 했던 독재자의 핏발 서린 연설과 같이 시민들을 강요하다시피 했다. 방송은 자나깨나 월드컵 중계, 월드컵 소식으로 도배되어 있었고, 그 결과 국가적인 대사인 6월 13일 지방 선거마저 이 열기 속에 파묻혀 버리고 말았다. 어느 방송사는 선거일에 즈음해서 이러한 멘트를 내보냈다. "최소한 출마자의 얼굴은 알고 선거장에 가야 하지 않겠습니까?"

어쨌든 월드컵은 끝났다. 이제 우리는 고양된 분위기를 정리하고 일상으로 되돌아왔다. 이처럼 모든 국민의 관심을 흡수했던 월드컵은, 열기가 청산된 지금의 우리에게 과연 어떤 의미인가?

월드컵과 제국주의적 상업화

제국주의(imperialism)라고 하면 무시무시한 폭정을 동반한 독재자와 그 국가가 연상된다. 또는 영화 〈스타워즈〉에서처럼 '제국의 역습'이 연상되기도 한다. 저음으로 이어지는 배경 음악을 등에 업고 스크린 속에 제국의 영상이 펼쳐지면, 뭔가 석연치 않은 상황이 벌어질 것 같은 불길한 예감이 든다. 얼굴을 가린 무장 군인들과 온통 검은 색의 풍경으로 묘사된 어둡고 음산한 제국. 바로 그런 속성을 월드컵에서 보게 되는 것이다.

그 첫 번째 이유는 상업주의에 있다. 아벨란제 FIFA 전회장은 월드컵의 상업화를 천명했고, 그 결과 이제 월드컵은 하나의 거대한 돈 잔치가 되어 버렸다. 경제적 이득을 챙기려는 변질된 월드컵의 관행은 스포츠 정신에도 어긋나는 것이지만 결국 세계화의 끝에 도달한 20:80의 경제 계층 분할 구도를 부추기는 요인이 될 수도 있다. 축구장에 입장이 가능한 사람들은 값비싼 티켓을 구입할 수 있는 계층인 것이다.

스포츠는 모든 사람들이 즐기는 분야인데, 돈이라는 매개체가 개입되어 있으면 그 순수성을 보장할 수가 없게 된다. 월드컵을 둘러싼 기업 간의 경쟁, 그들이 출자하는 어마어마한 광고비, 특정 상품에 관한 독점 광고(소위 월드컵 후원사라는 이름으로), 방송 중계료, 입장권 등은 가히 천문학적인 이득을 전제로 한다. 그래서 서민의 운동인 축구가 신흥 귀족이나 갑부들의 경연장에 이름을 빌려주는 역할로 기능할 수도 있다. 또한 월드컵 시즌마다 벌어지는 선수 스카웃 경쟁은 무엇을 말하는가. 어느 감독은 월드컵에 출전한 선수들이 멋진 경기에는 관심이 없고 자신의 몸값을 올리는 데만 신경을 쓴다고 비판하기도 했다.

그리하여 우리 나라에서도 손봉호 교수를 중심으로 'FIFA 바로 세우기 운동'(Advocate for FIFA Project)이 전개되었는데, 이 운동은 물량주의, 물신주의를 경고하면서 성명서를 통해 다음과 같은 내용을 천명했다. "FIFA 집행부는 독단과 전횡을 중단하라. 세계 시민의 축제인 월드컵을 돈벌이 수단으로 삼지 말라. 아동 노동, 저임금 노동에 의한 공인용품 생산을 방지하라."

월드컵과 국수주의

월드컵은 국가를 대표하는 경기이기 때문에 각 나라의 이름을 걸고 나온다. 그래서 국기를 게양하고, 국가(國歌)도 연주한다. 국가(國家) 개념이 사라져 가는 밀레니엄 시대에, 해체의 시대에 따뜻하고 가슴 벅찬 광경이 아닐 수 없다. 그러나 여기에도 음산한 쇼비니즘(chauvinism)적 요소가 다분하며, 이는 결국 자국 이기주의를 부추기는 계기가 될 수도 있다.

선수들은 어떤 면에서 이미 운동선수 본연의 자리를 떠나 있다. 물론 국가 대표팀이 국가를 대표한다는 것은 당연하다. 하지만 아르헨티나-잉글랜드, 일본-러시아, 프랑스-세네갈의 경우에서 보듯, 대중 매체는 은근히 과거사를 들추어 '익사이팅' 한 경기를 연출하려고 혈안이 되어 있다. 매스컴이 연출하는 작위적인 센세이셔널리즘(sensationalism)이라 아니할 수 없다. 시청률을 끌어올리기 위해서 이미 청산된 과거, 해결된 역사를 끄집어내어 감정의 불을 붙이려 한다. 과연 옳은 일일까? 축구 경기를 양국 간의 간접적 대리 전쟁으로 묘사하는 방송사와 언론사들은 각성해야 한다. 축구를 축구로 즐길 수 있는 스포츠 미학을 말하기 전에, 인위적인 의미들을 대입시키려는 그 저의가 의심스럽다.

히딩크 감독은 한국 선수들의 순수성과 나라를 생각하는 마음에 감동을 받았다고 고백했지만, 선수는 먼저 선수로서 존재해야 한다. 나라를 위해 운동을 해야 한다는 발상은 스포츠 선수를 민중의 영웅으로 선전했던 과거의 이데올로기가 남긴 흔적이다. 개인이 먼저 독립된 인격체로 존재하면서, 집단과의 조화를 이루는 것이 중요하다고 본다. 집단이 먼저 강조된다면 위험한 오류에 빠질 수 있기 때문이다. 또한 국가의 단결을 위해 응원으로 하나가 되는 일은 아름다운 것이지만, 모든 나라가 어깨동무하고 발전해야 하는 세계화 시대에 자국만이 중심이 되어야 한다는 편협한 생각은 버려야 한다.

월드컵은 끝났다. 위에서 지적한 몇 가지 사항들이 잘 해결된다면 월드컵은 다시없는 세계인의 축제가 될 것이다. 세계인 모두가 축구라는 매체를 통하여 서로 기뻐하고 몸과 마음으로 만나는 진정한 잔치가 되기를 기대해 본다.

4 물신(物神)과 충동의 거리에서

대강절은 교회 절기 중에서 조용한 절기에 속한다. 고난절과 같은 비탄과 애통의 고요는 아니지만 경건하게 하나님의 신비하고 광대하신 은혜를 기다리는 침묵의 절기인 것이다. 거룩하신 하나님께서 인간으로 오시는 엄숙한 이 성육신의 절기에 사람들은 숙연한 마음으로 그 의미를 묵상해야 한다. 그러나 성탄의 고요한 기쁨과는 상관없이 세상은 떠들썩하게 대강절을 맞는다. 쇼윈도에 솜으로 만든 눈송이가 걸리고, 형형색색의 종이 별들 사이로 화려한 불빛이 번쩍인다. 백화점마다 디스플레이에 분주하고, 영업부 사원의 계산기에서는 연말연시 판매 실적이 부리나케 더해진다. 홍보부에서는 미끈한 다리의 산타 아가씨를 거리로 내보낸다. 거리에는 사람들의 물결 사이로 강렬하고 빠른 노래가 흘러나온다. 이 모든 분위기들 속에 몸을 맡긴 채 음악이 선사하는 거대한 일체감으로 휘청대는 사람들. 그러나 그 배후에는 상혼(商魂)으로 점령된 거대한 시장이 버티고 서 있는 것이다.

우리 시대를 대변하는 말이 있다. "나는 쇼핑한다, 고로 나는 존재한다." 대강절은 어느덧 물신(物神)주의에 종속되었다. 백화점은 이미 백화(百貨)점이 아니다. 그것은 천화(千貨)점, 만화(萬貨)점이다. 진열된 온갖 물건들이 사람들을 유혹하고 있지만, 자본주의의 끝에 와 있는 시민들에게 필요한 것은 더 이상 물건이 아니다. 영혼을 채워줄 그 무엇이 갈급한 것이다. 거리를 가득 채운 사람들. 그들은 자신의 내면을 채워 줄 그 무엇을 찾아 거리로 나온 것이다. 내면의 충동에 못 이겨 거리로 내몰린 것이다. 하지만 화려한 불빛과 잘 포장된 상점이 그들에게 무엇을 줄 수 있단 말인가? 어깨를 맞부딪치는 무례한 보행자들이 서로에게 무엇을 줄 수 있단 말인가?

이제 도시의 초라한 빈 곳으로 가야 한다. 거리의 소요와 유혹의 물신들을 떠나 침묵으로 내려가야 한다. 자극적인 충동구매를 뒤로 하고, 의미없는 악수와 포옹을 떨쳐 버리고, 탐욕의 부킹을 내던지고, 고요한 틈새로 가야 한다. 백화점 장식보다 몇백 배, 몇천 배는 허술해 보이는 어느 작은 개척 교회의 대강절 장식 아래에서, 우리가 원하는 것을 오히려 더 잘 얻을 수 있다는 것을 발견할 때까지 내려가야 한다. 강림의 신비는 그렇게 요란하지 않았다. 주님은 그렇게 화려하게 등장하지 않으셨다. 가난함 속에 감추어진 영원한 부요의 비밀을 안고, 대강절은 우리에게 낮은 목소리로 다가오는 것이다.

5 카니발을 멈추고 주의 평화를 맞이할지어다

카니발(carnival)이라고 하면 흔히 축제를 연상한다. 브라질 상파울로 거리를 가득 메운 군중과 그 속에서 현란하게 몸을 움직이는 반나(半裸)의 무희들을 상상케 한다. 술에 취하고 음악에 취하고 분위기에 취하여, 아득해진 정신으로 거리를 질주하는 남미 사람들의 모습이 현재 우리의 뇌리에 각인된 카니발의 단면이다. 실제로 이러한 격렬한 카니발 기간에 수백 명에 달하는 사람들이 목숨을 잃는다. 그러나 브라질 사람들은 이러한 카니발을 즐기기 위해 일 년을 참고 일한다고 한다. 종교적인 행사였던 카니발이 지금은 상업주의와 자본주의에 잠식당하여 본래의 의미를 상실하고 있는 것 같다.

이러한 카니발에서 한 걸음 더 나아가 카니발리즘(carnivalism)이라는 말이 생겼다. 카니발이 광란의 모습을 연상시키듯, 카니발리즘은 광란의 집단, 광란의 제국을 연상시킨다. 또한 카니발리즘은 어느 밀림의 원주민들이 벌이는 식인 잔치를 떠오르게 한다. 평소 평화롭고 조용한 어느 원시 종족이 있다. 그 종족에게는 모월 모시 달이 기울면 사람을 제물로 바쳐야 한다는 전설이 있다. 누가 제물이 될지는 아무도 모른다. 그래서 그들은 술을 마시고, 빠른 음악에 맞추어 춤을 추며, 환각, 도취, 몽환의 상태로 몰입한다. 광란의 절정에서 그들은 집단 섹스로 들어간다. 그런데 여기서 정신을 차리고 도망가거나 거부하는 자는 놀랍게도 제물로 낙인찍힌다. 그가 바로 그날의 제물이 되는 것이다. 미쳐 날뛰는 카니발리즘의 희생 제물은 역설적이게도 정신이 바로 돌아온 사람, 광란의 무리에서 탈출하려는 사람이다. 패러독스의 비극이다.

2000년도가 밝아올 때 우리는 "21세기! 뉴 밀레니엄!"을 외치며 희망에 부풀었었다. 폭죽도 터뜨리고 환호성을 지르며 그렇게 출발했었다. 3년이 지난 지금, 지난 날들을 돌이켜 보면 우리가 바른 길을 살아가고 있는지 자꾸 회의하게 된다. 카니발리즘이 원시 종족에게만 있었던 과거 개념이 아니라, 이제 우리 나라 깊숙이 들어와 민족적인 질병으로 서서히 우리를 잠식해 가고 있는 것은 아닌가? 그런 불안감을 쉽게 떨쳐 버릴 수 없는 이유가 무엇일까?

한동안 '엽기', '대박'이라는 단어가 유행했다. 베스트셀러 서적의 목록을 보면 아직 대박 열풍이 채 가시지 않은 것 같다. 어떻게 하면 돈을 잘 벌 수 있는가 하는 요령을 가르쳐 주는 책들이 타의 추종을 불허하는 인기를 누리고 있는 것이다. 이것은 한국판 카니발리즘을 생성시키는 원동력이 되었다. 대박은 수고하지 않고, 일하지 않고 불로소득을 취하려는 현대판 놀부 심보를 일컫는 말이다. 이러한 관념들은 사회를 오염시키고, 많은 사람들로 하여금 허황된 꿈을 꾸게 했다. 금융 관계, 벤처 기업 종사자 중에서 대박의 꿈을 꾸다가 불법 대출, 정경유착 등으로 사회를 시끄럽게 한 사람들. 정치 싸움을 하느라 민생은 돌아보지도 않고, 자신의 세력을 부풀리느라 광란의 몸짓을 벌였던 정치인들. 대박의 꿈을 꾸며 라스

베이거스로, 정선으로 몰려들던 부나방들. 심지어는 교회 재정이 어려워 라스베이거스에서 한판 벌였다는 목사도 있었다. 연예인들의 사생활을 놓고 법석대던 사람들이 사실 관음증 환자들이었던 것은 아닌가? 경품, 복권, 경마, 경륜으로 이리저리 대박의 현장을 쫓아다니는 순례자들이 결국 우리 자신이었던 것은 아닌가? 대박에서 한탕주의로 탈바꿈하고, 한탕주의에서 극단적인 이기주의로 변하고, 이기주의에서 물신주의로 변하듯이, 신종 밀레니엄 카니발리즘이 이 땅에서 변신에 변신을 거듭하며 사회를 잠식하게 되는 것은 아닌지 우려된다. 그리스도인들이 깨어 근신해야 할 때다.

6 주술, 역술은 왜 아직도
– 계몽주의, 아직도 할 일이 남았는가?

불균형의 영적 상태

우리 시대를 잘 관찰해 보면 모순적인 현상이 여기저기에서 발견된다. 인간이 합리주의나 과학 지식으로 계몽되어 갈수록, 일반적으로 원시적 종교성에서 기인한 미신 행위를 극복하게 된다. 인류가 걸어온 역사는 이러한 정신적 성숙의 과정이다. 그런데 역설적이고도 모순적인 현상이 아직 사라지지 않고 있다. 문명이 극도로 합리화(rationalisation)되고 첨단 과학 기술로 탈신화화(demythicization)되어 가고 있음에도 불구하고 사회 곳곳에서 미신 행위나 초자연적 신비 세계에 경도되는 사이비 종교성(pseudoreligiosity)이 점점 더 활개를 치고 있는 것이다.

러시아 철학자 베르쟈예프(Berjajew)는 이렇게 말한다. "인간은 전적으로 종교적이다."(The human being is total religious.) 인간학적으로 인류는 종교적 속성을 타고났기 때문에 종교적 행위를 버릴 수 없다는 것이다. 인간의 종교성은 어떤 형태로든지 삶에 배어나게 되어 있다. 틸리히(P. Tillich)도 문화를 설명하는 데 있어서 종교를 강조하였다. 그는 다음과 같이 규정하고 있다. "종교는 문화의 실체이며, 문화는 종교의 표현이다.” 이러한 이해를 수긍한다면 종교가 인간의 생활에 가히 절대적인 영향을 미치고 있다는 것을 인정하지 않을 수 없다.

그러나 종교성의 영향력을 인정하는 것과, 모든 종교성이 인류를 바른 길로 인도하는 힘이 있다고 생각하는 것은 전혀 다른 문제이다. 최근 대중 매체를 타고 유행하는 판타지 소설, 영화, 신비주의 체험 등은 단순한 오락과 재미를 넘어선다. 특히 주술 행위(呪術, occult)와 연관되어 본다면 더욱 그러하다. 그런 의미에서 우리 시대에 만연한 주술적 요소들은 왜곡된 종교 행위라 하겠다.

우리는 현재 사회적으로 유행되고 있는 주술 행위가 심각한 수준으로 현대인들을 오도하고 있다는 것을 보게 된다. 맹목적이고 이기적인 산업화의 결과로 환경 오염이 사람들을 위협하는 시대에 있어서 정신적인 오염도 그리 만만한 문제는 아니다.

일상 생활 속의 주술

1) 운명철학

현대 사회에 등장하고 있는 주술은 복잡하고 다양하여 그 수를 셀 수도 없을 정도이다. 그 기원 또한 동서양 각처로부터 비롯된 것이어서 분류가 어렵다. 주술의 사전적 정의는 “인간의 일상적인 문제를 초자연적인 특수 능력에 호소하여 해결하려고 하는 일련의 기법”이다(두산세계대백과사전). 즉, 주술이란 사람이 마음의 안정을 얻기 위한 하나의 방편인 것이다.

주술 행위의 동기는 단순하다. 인간이 스스로의 주체가 되려고 할 때의 불안에서 기인한다. 불안이란 특정한 대상을 무서워하는 공포와는 다른 감정으로, 미래에 대한 무지에서 오는 막연한 두려움이라고 할 수 있다. 사르트르, 까뮈와 같은 실존주의자들은 이를 "부조리"(absurd)라고 부르며, 실존 철학의 사상가 하이데거는 이를 "현존의 근심"(Sorge im Dasein)이라고 명명했다. 따라서 이러한 심적 상태는 인간이 자기 앞에 놓여 있는 그 무엇인가를 명확히 알 수 없다는 절대적 한계성에서 출발한다. 이를 극복하기 위해 주술을 사용하는 인간은, 그러므로 거대한 공리주의나 이상주의를 이루기 위한 목적을 갖는 것이 아니라 지극히 개인적인 목적, 즉 이기적인 목적을 가진다.

우리 시대의 일상인들은 과연 무엇을 그토록 알고 싶어하는 것일까? 현대인들은 무엇으로 인해 행복하다고 느끼게 되는 것일까?

점술로 행복해질 수 있다고 광고하는 인터넷 사이트에는 대체로 다음과 같은 항목이 열거되어 있다.

– 전생, 궁합, 사주, 작명, 운세

내용은 여기서 다시 세분화된다.

– 궁합/애정, 사업/재물, 사주/건강, 결혼/택일, 시험/진로, 취업/
  승진

한 치 앞도 내다볼 수 없는 사람들은 자신의 생과 관련된 사항, 특히 자신의 행복이나 불행에 관심을 보인다는 것을 알 수 있다. 운명이라는 것은 무엇인가. 과연 사람에게 운명이란 있는 것일까? 주역과 사주, 역술을 믿는 사람들은 운명이 타고나는 것이라고 믿는다. 사람에게는 사주팔자(四柱八字)가 있어, 운명으로 주어진 '그 길'을 살아갈 수밖에 없다고 믿는다.

2) 장신구

동양의 운명관, 샤머니즘적 사상은 인간의 운명과 행·불행에 영향을 미치는 것들이 있다고 믿는다. 예를 들어, 조상신에게 잘 하면 복을 받고, 조상신을 덧나게 하면 불행을 초래한다고 믿는 것이다. 생활 속에서 만나는 화복(禍福)을 귀신과 연결시키는 사고 구조는 샤머니즘이 강한 동양권에 흔한 현상이다.

운명을 간섭하는 요소로서는 악귀, 액운, 재수(日辰, 한 해 運勢) 등이 거론되는데, 이것이 직간접으로 인간의 삶에 영향을 미친다고 믿는다. 이를 피하려면 적절한 액땜을 해야 한다. 액땜은 악귀 길들이기, 악귀 안심시키기, 액운 피해가기, 액운에 대한 보상 지불하기 등의 기능을 가지는데, 이는 일종의 자기만족적 보상 행위라고 할 수 있다.

그 대표적인 예가 부적이다. 부적을 집안에 붙여 놓으면 액운을 막는 기능을 한다고 믿는다. 그래서 부적을 옷 속에 붙이기도 하고, 가방이나 책 속에 넣어두기도 한다. 지금은 안전 운행에 대한 기원으로 자동차에 부적을 붙이는 경우도 있다.

또한 최근 몸에 대한 관심이 증가하면서 이상 열풍으로 등장한 것이 문신이다. 사회 일부 집단에서 단결력, 종속, 힘 자랑의 상징으로 새겨지던 것이, 이제는 운명을 돕는다는 명목으로 새겨지고 있는 것이다. 몸에 새겨진 문신의 문양이 자신을 보호한다는 관념은 원시 시대에 존재했던 애니미즘적 신앙의 한 표현이다.

물신 숭배(fetishism)도 현재는 액세서리로 변한 주술의 한 행위이다. 페티시즘은 자기가 존경하는 영웅, 사랑하는 이성의 물건을 가짐으로써 그 대상을 소유한다고 느끼는 것을 말한다. 대중문화가 유행하는 지금은 인기 영화배우나 가수의 물품을 소유하고 싶어하는 청소년들이 많다. 이런 심리 현상들도, 착각을 현실처럼 받아들이는 환상(illusion) 현상을 조장하기 때문에 주술 행위와 크게 다르지 않다.

현대판 주술 행위의 표적이 되는 가장 치명적인 대상이라면 역시 어린이들이다. 어린이들은 자아 정체성을 확립하지 못한 상태에서 '자연스럽게' 주술을 배운다. 초등학생들이 이성에 눈 뜨면서 좋아하는 학생의 관심을 끌고 싶어하는 심리를 이용한 부적이 문방구에서 팔리고 있다. 공부를 잘 하게 한다든지, 정신 집중을 하게 한다든지 등등의 센세이셔널한 이슈들을 빙자한 여러 가지 '효험'의 부적이 존재한다는 것은 주술이 생활 속에 얼마나 깊이 파고들었는지를 파악하게 한다.

3) 대중 매체(문학, 영화, 드라마)

우리 시대에 판치는 주술 행위는 대중 매체를 타고 더욱 확산일로에 있다. 심각한 문제는 그것이 문화라는 이름으로 무분별하게 수용된다는 데 있다. 또한 이에 적절한 대책을 마련하기도 전에 신비주의와 결합하여 자신의 정체를 묘하게 흐려 버린다.

문학 분야에서는 단연 "해리 포터 시리즈"를 들지 않을 수 없다. 전 세계적으로 아동, 어른 할 것 없이 무차별적인 독자층을 모은 판타지 소설 해리 포터의 주제는 환상과 마법(magic)이다. 극단적인 종교계에서는 아동들에게 유해하다는 판결로 책을 불태우고 독서 반대 운동을 벌였지만 해리 포터 추종자들을 막기에는 역부족이었다. 오히려 소설이 영화화되어 그 영향력이 더욱 강해졌을 따름이다. 영상 시대의 아동들에게 책을 읽을 수 있는 기회를 제공하였다는 점에서는 환영받을 만하지만, 현실을 환상과 마법으로 혼동하게 하였다는 것은 문제가 될 수 있다. 간과할 수 없는 사실은 아동들이 내용 중에 나오는 마법의 주문을 외우면서 불가능한 일들에 대해 실제로 기대를 갖는다는 점이다.

영적 질서가 시급하다

우리 시대에 만연되어 있는 주술 행위를 설명하는 일은 그리 간단하지 않다. 기원도, 현상도 복잡다단하기 때문이다. 그러나 자세히 관찰해 보면 몇 가지의 뿌리가 있음을 알게 된다. 종교적 배경, 내면의 욕구, 자기실현 매개체 등등이 공동의 원인으로 작용하는 것이다. 심각하게 생각해야 할 것은 현대인들의 내면 상태가 그만큼 혼란에 빠져 있다는 것이다. 또한 영적 세계에 대해서도 무분별하고 무방비한 상태에 처해 있다.

특히 대중문화를 통해 사회 모든 계층에 퍼져 있는 주술 문화, 신비주의, 뉴에이지 등에 대한 기독교적 답변을 마련하고 영적 세계의 질서를 바로 세우는 일이 무엇보다도 시급하다고 본다. 주술 행위에 감염되어 가는 우리 사회를 치유하기 위하여 바른 신앙과 사유를 나누는 일, 그 일은 지체되어서는 안 된다. "만물의 마지막이 가까웠으니 그러므로 너희는 정신을 차리고 근신하여 기도하라."(벧전 4:7)

VII. 문화 전쟁 속의 기독교

1　21세기는 생명의 영성으로

프랑스 지식인 자크 아탈리(Jacques Attali)의 말을 빌리면 유감스럽게도 우리가 지나온 20세기는 "악마의 세기"였다. 과학 문명이 발달하고, 유전자 공학으로 복제 동물들이 등장하고, 생명 과학에 획기적인 전환을 가져온 그 원동력이 두 번에 걸친 세계대전 때문이었던 것이다. 실제로 2차 세계대전에 독일 나치 군과 일본 관동군이 실행했던 끔찍한 인간 생체실험은 비인간적이고 악마적인 것임에는 틀림없었으나 이 때 보고된 생물학적 데이터는 의약 발전에 적지 않은 공헌을 했다고 하니 매우 아이러니컬한 일이 아닐 수 없다.

우리 시대의 세기말적 문명과 문화 현상을 돌아보면 인간은 이제 막다른 골목에 들어선 듯하다. '생명'이 이 시대에 당하고 있는 위기를 생각하면 종말론적 대환란이 이미 시작되었다는 느낌마저 든다. 생명이 위협받고 있는 전말을 몇 가지만 꼽는다면 이렇다. 전면적이고 조직적인 전쟁. 전쟁은 지구촌을 위협하면서 존귀한 인간 생명을 앗아가고 있다. 다음으로는 무절제한 문명으로 인한 환경의 위협. 물을 마시고 음식을 먹는 가장 기본적인 식생활의 영역도 발암 물질 등의 출현으로 안전하지 못한 실정이다. 또한 고의적인 살인이 얼마나 손쉽게 우리의 주변에서 자행되고 있는가? 낙태가 그 한 예이다. 마치 맹장 수술을 하듯 쉽게 생각하고 생명을 죽인다. 흡연은 또 어떠한가? 기호라는 이름으로 얼마나 많은 사람들이 자신의 생명에 흠집을 내고 있는가? 생명을 위협하는 우리의 문명이나 문화는 실로 다 언급하기도 어렵다.

21세기는 우리에게 저절로 희망을 가져다 주지 않는다. 미래는 아무 노력 없이 발전하지 않는다. 21세기는 우리가 어떤 꿈을 꾸는가에 달려 있다. 다시 말하면 우리가 어떤 영성으로 채워져 있는가에 따라 새로운 천년은 옷을 바꿔 입게 될 것이다. 불확정성의 원리에 의해 흔들리는 영성으로 살아간다면 그 시대는 분명 혼란과 미궁의 세기로 바뀔 것이고, 믿음, 소망, 사랑의 영성으로 채워진다면 그 시대는 분명 멋진 신세기로 나타날 것이다.

최근 시대를 걱정하는 이들의 입에서 책임(responsibility), 느림(slowness), 깨달음(enlightment)이라는 말이 자주 언급되는 듯하다. 현대 문명이 자유를 외치다가 책임을 잊었으며, 너무 빨리 달리다가 느림을 비웃었으며, 아는 것은 많은데 지혜가 없는 천박함에 매몰되었다고 자성한다. 그러나 이런 개념을 다시 확인하는 것만으로 21세기의 희망을 말할 수는 없을 것이다. 문제는 어디에서부터 어긋나기 시작했는지를 거슬러 성찰하지 못했다는 데 있다. 성경은 우리가 생명을 창조하신 질서의 하나님을 잊고 겸손한 마음을 상실하기 시작했다는 것을 지적한다. 생명을 외치고, 생명의 고귀함을 아는 것은 분명 아름다운 일이다. 그러나 생명이란 추상적인 개념일 뿐이고, 정작 중요한 것은 그 생명의 주인되시는 하나님을 만나는 일일 것이다. 그렇게 된다면 우리 시대의 온갖 뒤틀려 있는 문제들이 제자리를 찾고 본래의 질서를 회복하게 될 것이라 믿는다.

2 문화 목회의 길을 열자

영성(spirituality)이라는 단어는 오랫동안 가톨릭 교회의 전유물인 것처럼 여겨져 왔다. 영성이라는 것이 신비주의를 뜻하거나 초월적인 체험과 연관된다는 관념 때문에, 개신교에서는 경건(piety), 또는 헌신(devotion)이라는 단어로 사용되어져 왔다. 그러나 이제 영성에 대한 깨달음이 넓어지고 편협한 이해에 대한 오해가 풀리면서, 보수적인 교단에서도 즐겨 사용하는 단어가 되었다. 그래서 "영성 목회"(ministry of spirituality), "이제는 영성 목회의 시대다"라는 표현들이 우후죽순처럼 등장하기도 하였다.

그러나 영성 목회라는 말이 가져온 실제 목회 현장의 변화는 거의 전무한 상태라고 고백하지 않을 수 없다. 영성 목회가 어떻게 평신도들의 일상 생활 속에 파고들어 변화와 능력을 힘입게 하느냐 하는 문제는 아직 대답을 얻지 못한 채로 남아 있다. 성급한 판단인지는 몰라도 영성 목회는 과거 목회 현장에서 활용되던 목회의 한 측면을 새롭게 명명한 것에 지나지 않는 듯하다. 이제는 또 다른 목회 전략이 필요한 시대가 되었다고 말하고 싶다. 이것을 다시 '문화 목회'라고 개념화(definition)해 본다.

21세기는 문화의 시대이다. 우리 나라도 문화의 시대에서 생존하

기 위해 신지식인 운동, 지식의 부가가치, 문화 산업 등의 개념을
정부적 차원에서 도입, 활용하느라 부산하게 움직이고 있다. 문화
는 이제 일상 생활의 한 요소가 되었다. 문화는 성별, 나이, 사회 계
층을 막론하고 파고든다. 문화의 영향권에 들지 않는 대상은 아무
도 없다고 말해야 할 것이다. 기독교인들도 삶의 한 부분에서 이러
한 세계적인 추세에 맞추어 살아가지 않을 수 없다. 더구나 우리 곁
에 가까이 와 있는 대중문화는 사람들을 더욱 문화의 영향권 안으
로 끌어들이고 있다.

교회사적으로 21세기는 평신도의 시대가 될 것이라 말한다. 기존
의 성직자 중심적 사역에서 벗어나 지역 교회와 선교의 영역에서
다양한 계층의 전문인들이 활용되어야 한다는 주장이 일어나고 있
다. 또한 다양화된 사역의 구조로 인한 여성 진출도 눈에 띄게 늘어
날 것이다.

이런 상황에서 문화 목회(cultural ministry)라는 개념은 무엇을
지향해야 하는가? 단적으로 말한다면, 일상 생활에서 문화와 함께
살아가는 기독교인들이 문화에 대한 적응력을 교회에서부터 훈련
하도록 하자는 것이다. 문화 목회의 목표는 삶의 각 현장에서 기독
교적 가치관을 적극적으로 개진해 나갈 수 있는 온전한 평신도를
육성하는 것이다.

최근에 현대 한국 교회의 상황을 우려하는 목소리가 다시 들려오
고 있다. 혹자는 교회가 세상으로부터 다시 멀어지고 있다고 말한
다. 이 말은 세상의 현실에 교회가 관심을 두지 않고, 정죄하는 자
리로 쉽게 나아간다는 말이다. 교회가 세상으로부터 격리되는 것은
바람직한 현상이 아니다.

심각한 사실은 청년들이 교회를 떠나는 이유 중의 하나가 교회의 독선과 폐쇄성에 있다는 점이다. 이 말을 다른 말로 하자면 교회가 문화를 변혁하려는 의지는 보이지 않고 너무 쉽게 벽을 쌓거나 정죄하기 때문에 문화와 함께 살아가는 젊은 층들이 교회에서 뿌리를 내리지 못한다는 것이다. 또한 기독교인의 생활 윤리, 직업 윤리, 사회 윤리가 정립되지 않아 그리스도인들은 신앙이 사회 속에서 어떻게 제 모습을 드러내야 하는지 갈피를 잡지 못하고 있다.

시대가 변함에 따라 교회도 변해야 한다. R. 앤더슨은 현대 교회를 향해 "변화에 민감하라"고 충고하고 있다. 교회가 변화하기는 해야 하는데 어떻게 무슨 방법으로 변화를 시도해야 하는가? 바로 여기에서 교회는 문화라는 접촉점을 찾아야 한다.

문화 목회라는 용어는 교회가 문화를 다시 발견한다는 것을 의미한다. 문화 목회는 이제 막 형성되기 시작한 개념이다. 그러므로 하나님의 나라를 건설하기 위한 소명과 지혜, 인내를 가지고 꾸준히 실천에 옮겨야 할 것이다.

3 엽기적인 '세습 보고서'

내가 처음 '엽기(獵奇)'라는 단어를 만나게 된 것은 살인 사건에 관한 신문 기사였다고 생각된다. "엽기적 살인 사건." 그때 나는 보도 사진에서 눈을 떼지 못하였다. 충격으로 가슴이 마구 떨렸다. 그 후 그 사진과 엽기라는 단어가 자주 오버랩 되어 마음이 괴롭기도 했다. 하지만 곧 엽기라는 말은 익숙한 일상 용어가 되었다. 성수대교 붕괴 사고, 삼풍 백화점 붕괴 사고 등이 잇따랐기 때문이다. 엽기라는 단어가 뇌리에 더 깊숙이 박히게 된 것은 지존파, 막가파 살인 사건 외에도, 보험금을 노리고 자기 아들의 손가락을 절단한 사건, 역시 보험금 때문에 자신의 발목을 기차에 절단시킨 사건 등등 일간지 사회면에 실린 기사를 통해서였다. 결국 엽기라는 단어는 나에게 오로지 비인간적이고 패륜적인 사건을 떠올리게 하는 말이 되었다.

이 단어가 몸이 찢기고 선혈이 낭자한 물리적 현상을 연상시키는 범주에서 어떤 사건의 비윤리적 내막을 설명하는 데도 쓰이게 된 것은 확실히 시대적인 변화였다. 예를 들면, 화려한 명성으로 시작했던 문민정부가 무대책으로 맞이해야 했던 IMF와 같은 사건에 대해서도 '엽기적'이라는 단어를 적용하게 된 것이다. IMF는 무능한 관리들의 무사안일한 대처, 관료 지상주의, 복지부동, 부정부패, 정경유착, 재벌의 문어발식 경영, 부실 기업 상호 보증, 부정 대출 등등의 엽기적인 막후 담합이 이루어 낸 결과였다.

그런데 이 엽기라는 단어가 급기야 교회 문화에도 정착하기에 이르렀다. 일부 대형 교회에서 자행되고 있는 세습 문제가 그것이다. 그렇지 않아도 교회가 사회적 리더십을 이미 상실한 지금, 기독교인의 사회적 역할에 관하여 회의적인 반응이 물일 듯하는데, 세습 문제가 더욱 그 논란을 가중시키고 있는 것이다. 공법을 물같이, 정의를 하수같이 흐르게 해야 할 목회자가 어떻게 하나님의 교회를 마치 개인의 재산처럼 대물림하려는 생각을 갖게 되는 것일까? 본래 세습은 어떤 형태이든지 불법적인 것이고, 더구나 대기업에서 이미 관례화되어 있는 세습 문제조차 비난을 면치 못하는 상황에서, 교회의 이러한 세속적 경향은 가히 엽기적인 것이라 하지 않을 수 없다. 이는 교회의 권력이 목회자 개인에게 집중되어 있고 교회 재정이 사유화되어 있기 때문에 벌어지는 뒤틀린 교회 전통의 병폐인 것이다.

세습 문제로 심판대 위에 선 대형 교회의 엽기적 스캔들, 더 이상 하나님의 이름을 망령되게 해서는 안 된다. "스스로 속이지 말라 하나님은 만홀히 여김을 받지 아니하시나니"(갈 6:7) 이것이 하나님의 마지막 경고일 수 있음을 기억해야 한다.

4 안티 기독교를 심각하게 고뇌하자

내 짧은 생애의 체험으로 이야기해도 기독교는 최소한 1960~ 1970년대에 우리 사회의 횃불이자 정신적 기둥이었다. 기억하건대 교회와 성도들이 그 당시만큼 나라를 위해 금식하면서 눈물로 기도 했던 적이 없었던 것 같다. 군부 독재가 지배하는 상황 속에서, 경제 개발 논리로 심화된 빈부의 격차 속에서, 나라와 민족을 위해 그렇게 헌신적으로 기도하고 참여하여 기독교인이 아닌 사람들에게서 "너희 안에 과연 하나님이 살아 계시다"라는 찬탄과 증거를 보였던 것이다. 1970년대 한국 교회의 성장률이 이를 증명하고 있다.

그러나 1980년대 중반, 즉 민주화에 대한 열망이 점점 가시화되어 가던 시대부터 기독교는 사회를 이끌던 주도권을 대중에게 내어 주고 변방 어디론가 밀려났다. 더구나 1990년대부터는 대중으로부터 '바보 기독교', '돼지 기독교', '박쥐 기독교'라는 비난을 공공연히 듣게 되었다. 사회적으로 안티 운동(anti-movement)이 서서히 확산되고 있었던 것도 이에 더욱 영향을 주었다.

안티 운동은 본래 선거철 여러 가지 심증과 물증에 의해 부적격으로 평가된 후보자에 대하여 시민 불복종의 차원에서 유권자들이 벌이던 사회 운동이었다. 이것은 인터넷이라는 테크놀로지의 마법과 손을 잡고 무섭게 확산되어, 이제는 어느 대상도 성역으로 도피할 수 없도록 장벽을 쳤다. 안티 운동은 개인뿐 아니라 일간지, 방송국 등의 집단으로까지 그 대상 영역을 확대하였다. 안티 운동의 허와 실을 떠나서, '안티' 라는 말이 사회 표면으로 등장하고 하나의 시민 의식 운동과 문화적 장치로 나타나게 된 것은 대화가 부재했던 우리 사회에 있어서 매우 고무적인 일이다.

그동안 한국 기독교는 상당히 많은 사회 지도층 인사를 배출하였다. 한국 기독교는 우리 사회와 역사의 발전에 적잖은 기여를 해 왔다. 그런데 그런 영광의 기독교가 전락한 모습으로 세인들의 입방아에 오르내리는 것은 무슨 연유에서인가? 기독교가 한국 사회를 병들게 하고 있다는 야유를 받기에 이른 것이다. 최근 정치, 경제, 사회 등의 분야에서 대형 사건이 터질 때마다 기독교인이 그 주인공인 경우가 많고, 교회도 부정한 사건에 자주 연루되어 혹독한 손가락질을 당하고 있다. 어느 교인들은 방송국을 무단 점거하면서 무력을 휘둘렀고, 어느 교인들은 치유라는 명목으로 사기극을 벌이고, 어느 교인들은 교회 세습에 관하여 진언하는 사람들에게 사탄과 한패거리라는 폭언을 퍼붓기도 하였다. 그런 와중에 김용옥과 같은 입담 걸은 양반이 나타나 기독교를 비아냥댄 것 또한 우연은 아닐 것이다.

인터넷에서는 안티 운동이 활발하게 전개되고 있다. 개인 신상에서부터 국가 정책, 종교 진리, 신(神)에 관한 담론에 이르기까지 다양한 방면에서의 안티 운동이 존재한다. 기독교에 대한 안티 운동도 예외가 아니다. 이제 기독교계는 "왜 날 가지고 이래?" 라는 식의 소아병적 대응이나 "사탄의 음모" 라고 몰아붙이는 독선적 태도에서 벗어나야 한다. 안티 기독교 운동을 하는 사람들 중에는 실상 진리에 목말라 하는 사람도 있다. 진리를 찾아 헤매다 함정에 빠진 자들도 있는 것이다. 그들을 구원받지 못할 대상으로 간단히 정죄해서는 안 된다. 정죄는 우리의 소관이 아니다. 성경이 이렇게 권유하고 있지 않은가. "너희 속에 있는 소망에 관한 이유를 묻는 자에게는 대답할 것을 항상 예비하되 온유와 두려움으로 하고"(벧전 3:15)

안티 기독교 운동도 역사를 주관하시는 하나님의 우주적 섭리 가운데 있다. 이 운동이 어쩌면 교회와 교인들의 개혁을 갈망하시는 하나님의 역설적인 통치 방식, 합력하여 선을 이루게 하시는 신비한 관리 방식의 하나일 수 있다는 사실을 잊어서는 안 될 것이다. 하나님은 악도 들어 쓰신다. 하나님은 궁극적으로 우리의 성결과 성숙을 원하신다.

5 교회 연합과 일치 운동에 전기를 기대한다

유구무언(有口無言)이라는 말이 있다. 입이 있어도 할 말이 없다는 뜻으로 더 이상 변명할 여지가 없을 때 쓰이는 말이다. 이 사자성어가 현대 한국 교회에 해당된다는 것은 참으로 안타까운 일이다. 더구나 교회의 일치와 연합 운동을 거론하는 자리에 적용될 때는 당혹스럽기까지 하다. 한국 교회는 과연 연합과 일치를 말할 수 있는 자격이 있는가? 한국 교회는 이러한 점에 있어서 자숙하는 마음으로 논제에 다가가야 한다. 왜냐하면 일치와 연합이 아닌 분열과 당파성에 빌미를 제공했던 것이 바로 한국 교회이기 때문이다.

다음으로 생각해 봐야 할 과제는 일치와 연합이 '무엇을 위한 것'은 아니라는 점이다. 한국 교회는 지금까지 일치와 연합으로부터 도피해 왔다. 그런데 이제는 '일치와 연합'을 위하여 '일치와 연합'을 도모하고자 한다. 여기에 투자되는 노력이 헛수고일 수밖에 없는 것은 당연하다. 왜냐하면 일치와 연합 자체를 위한 일치와 연합은 의미가 없기 때문이다. 성경은 모든 "교회"가 "그리스도 예수 안에서 이미 하나"라고 증거하고 있다. 모든 교회는 한 성령, 한 믿음, 한 세례 가운데서 이미 한 몸인 것이다. 우리의 과제는 회복에 있다. 그러므로 일치와 연합을 위하여 또다시 새로운 연합 단체를 설립하고, 그를 위하여 위인설관(爲人設官)하는 등의 노력은 무의미하다. 이로써 제3, 제4의 통합 단체들이 생겨나는 것은 오히려 분열을 조장하는 참담한 일이 아니겠는가?

일치와 연합을 위한 급선무가 있다. 그것은 교회의 본질을 회복하는 일이다. 교회가 사회에 대해 담을 쌓지 않고 진정한 구원의 방주로서 역할을 다한다면 일치와 연합은 자연스럽게 다가올 것이다. 한국 교회가 일치되지 못해서 사회적으로 리더십을 상실했다고 보는 것은 유치한 발상이다. 한국 교회가 교회의 주되신 예수 그리스도의 성육신을 실천하지 못했기 때문에 존경도, 위엄도, 리더십도 상실하기에 이른 것이다. 문제를 보는 시각이 교정되지 않으면 안 된다.

한국 교회는 분명히 알아야 한다. '일치와 연합을 위한 기막힌 전략은 없다!' 다만 예수님이 걸어가신 그 길을 묵묵히 걸어가야 한다. 예수님이 우리에게 원하시는 것은 전략이 아니라, 묵묵히 행하는 실천이다.

6 부정부패 극복과 교회의 책임

한국 기독교 인구를 통계적으로 25~30%로 보는데, 이는 적지 않은 비율이다. 국민을 대표하는 국회의원의 소속 종교 통계에서도 비슷한 수치가 제시되었는데 이 또한 희망적인 일이 아닐 수 없다. 기독교는 개인 신앙만을 우선시하는 종교가 아니다. 기독교는 본질상 사회적 종교이다. 기독교 신앙은 하나님과 인간의 관계에서 시작되어, 인간과 인간, 인간과 자연의 관계도 중시하는 범사회적 종교이다. 그러므로 기독교는 자신이 존재하는 사회의 도덕성, 청결성, 정의성 등에 자연히 책임을 지게 된다. 그런데 현실은 어떠한가? 결론적으로, 이 사회에 만연하고 있는 부정부패의 책임을 교회가 지지 않으면 안 되는 것이다.

그러면 교회는 어떻게 부정부패를 척결하고 극복할 수 있는가? 우선 신앙 교육의 분야에서 해법이 제시되어야 한다. 한국 교회의 신앙은 너무 개인적인 범주에 머물렀다. 개인의 구원과 축복이 신앙의 전부인 것처럼 변질되어 있는 것이 문제다. 기복주의적 신앙이 하루 빨리 극복되어야 하며, 신앙의 사회적 적용에 관한 교육이 보완되어야 한다. 두 번째로, 왜곡된 이분법을 극복해야 한다. 신앙 대(對) 불신앙, 신앙 세계와 불신 사회라는 도식이 신앙인들 사이에

팽배하여, 창조적인 신앙으로 현실을 변화시키기 보다는 교회 내에 안주하려는 경향이 강한 것이다. 세 번째로, 문화적 개혁 의지가 접목되어야 한다. 말씀, 신앙과 교리 등의 신앙적 철학이 삶의 현장으로 확산되어 현실 개혁 운동으로 생활화되어야 한다. 네 번째로, 모든 기독교인들은 '하나님 앞에서'(Coram Deo)의 신앙으로 무장하도록 훈련되어야 한다. '사람 앞에서'와 '교회 안에서'의 간격이 멀어질수록 신앙의 정체성은 혼란을 겪게 된다.

한국 교회에 대한 사회적 시선이 곱지 않다. 그러나 이것은 오히려 한국 교회에 대한 기대감의 반증일 수도 있다. 결국 바르고 온전한 신앙으로 살아가고 있는가 하는 것이 가장 중요한 문제이다.

7 성육신에서 먼저 배우라

– 기독교 문화 형성을 위한 제언

기독교 문화의 현실

한국 기독교는 평이한 상식으로는 이해하지 못할 몇 가지 진기록을 세계 기독교사에 선사했다. 단일 교회로서는 세계 최대인 교회를 갖고 있고, 세계 초대형 교회들 가운데 10위 안에 드는 교회를 몇 개나 보유하고 있으며, 가장 짧은 시간에 가장 높은 교회 성장률을 기록하는 등 여러 가지 주목할 만한 기록들을 남겼던 것이다. 100년 남짓한 선교 역사를 가진 한국 기독교가 그런 축복을 경험할 수 있었다는 것은 한편 자랑스러운 일임에 틀림없다. 1970년도에서 80년도에 이르는 기간 동안 한국 기독교계가 이룩한 교회 성장률은 '천만 성도 시대'라는 은혜의 감격을 누리게 하기에 충분하였다. 경제 개발과 민주화 운동으로 심각한 영적 궁핍을 겪었던 이 기간에 한국 교계는 사회의 빛이 되며, 역사를 이끌어 가는 원동력이 되었던 것이다.

그러나 1997년도에 IMF가 터지고, 우리 사회가 거품으로 이루어졌다는 사실이 확인되었다. 뼈를 깎는 아픔으로 구조 조정이 강행되고 그로 인하여 사회적 불안이 들끓어 오를 때, 교계는 한국 기독교 제2의 성장을 꿈꾸었다. 또한 10여 년 전부터 불기 시작한 IT 산업과 인터넷 바람은 복음 전파에 큰 일익을 가져올 것으로 기대했었다. 그러나 성장의 꿈은 좀처럼 이루어지지 않고 있다. 게다가 인터넷상에서는 안티 기독교 사이트가 기승을 부리고 있다. 이 시점에서 우리는 묻지 않을 수 없다. 왜 성장에 대한 예측이 빗나갔으며, 반기독교적 감정이 그 어느 때보다 고개를 더 빳빳이 들고 있는가?

이를 해석할 수 있는 여러 접근법이 있겠지만 우선 문화(culture)라는 측면에서 살펴보고자 한다. 일부 독자들은 낮은 성장률에 대해 그만큼 한국 사회가 기독교화되어 있다는 표식으로 생각하고, 반기독교 정서가 팽배한 것은 복음 전파를 방해하는 '사탄의 역사'이기 때문에 기도로 대처하면 된다고 속단할 수도 있겠다. 하지만 문제를 그렇게 단순화시키기에는 상황(context)이 단순하지 않다. 복음을 전하는 기독교인들과 복음을 필요로 하는 비기독교인들이 서로 공유할 수 있는 접촉점을 찾지 못하여 서로 다른 이야기를 주고받는 현실에 처해 있다. 문화의 공동 우물이 없기 때문에 생긴 결과라고 본다. 문화가 배제된 만남에서는 마음이 전달되지 않는다. 이 점이 바로 현대 한국 기독교 문화의 위기이기도 하다.

문화 빈곤, 이미 오래 전에 경고되다

21세기는 문화의 세기이고, 세계화 시대에서 살아남으려면 문화적 경쟁력이 있어야 한다고 저마다 목소리를 높이는데, 한국 기독교는 현재 어떤 문화를 형성하고 있는가? 한국 기독교는 개화기, 일제 시대, 6 · 25 전쟁을 거치면서 민족을 이끌어 가는 종교라는 이미지를 구축하게 되었으나 현재는 문화의 게토(ghetto) 지역으로 밀려나 있다. 대중문화에 대한 영향력을 관찰하면 더욱 그렇다. 우리 나라 역사를 이끌어 가던 기독교 문화가 어떤 연유로 대중으로부터 소외되어 가고 있는 것일까? 이 문제를 풀어 나가다 보면 신기하게도 우리가 고민하고 있는 기독교의 정체성과 본질의 문제에 도달하게 된다.

현대 문화를 논한 문화 비평서를 찬찬히 살펴보면 그 저술들이 한국 기독교를 언급하지고 있지는 않지만 현대 한국 기독교가 처한 현실을 예견하는 듯한 지적을 하고 있어 놀라울 때가 있다. 때로는 그 글들이 현재와 오랜 시간적인 격차를 두고 있음에도 불구하고 우리의 상황과 무관하여 보이지 않는다.

포스트모더니즘의 선구자로 알려진 독일의 급진적 철학자 니체(Nietzsche)는 당시 독일 교계에 대하여 선전포고에 가까운 질타를 퍼부었다. 니체가 기독교에 쏟아 부었던 비판 중의 하나는 교회와 그 지도자들이 보였던 문화적 폐쇄성이었다. 그는 교회가 문화에 관심을 갖지 않고 권력의 헤게모니에 만족하고 있음을 지적하였다.

"금욕주의적 성직자가 세력을 잡았던 곳에서는 어디서나 정신적 건강을 파괴했다. 결과적으로 그는 또한 예술과 문학의 취미를 파괴했다 – 지금도 역시 파괴를 계속하고 있다."

영국 빅토리아 시대의 대학자요, 지식인으로서 당시 사회를 근심 어린 눈으로 바라보았던 칼라일(Thomas Carlyle)도 기독교인들이 창조적이지 못한 원인을 신앙이라는 안전망 속에 안주하려는 성향 때문인 것으로 보았다. "시온에서 안이하게 있는 것은 그들에게 두려운 일이다."

최근 점점 열기를 띠고 있는 문화 연구(cultural studies)의 분야에서도 이미 백여 년 전에 있었던 지적과 비슷한 내용의 텍스트를 볼 수 있다. 그 중 교회의 문화적 무기력증에 관한 비판 부분만 인용하면 다음과 같다.

> "영국은 병들었고… 영문학이 영국을 구해야 한다. (내가 이해하는 바로는) 교회는 실패하였고, 사회 치유는 더디므로, 이제 영문학은 세 가지 기능을 떠맡게 되었는데, 즉 우리에게 즐거움과 교훈을 주는 기능은 여전하지만, 무엇보다도 우리의 영혼을 구하고 영국을 치유하는 것이다."

위의 인용문이 영국이나 독일과 같은 기독교 전통이 오랜 국가의 것이라는 점이 우리에게 매우 시사적이라 하겠다. 왜냐하면 우리도 같은 길을 걷게 될 개연성이 있기 때문인데, 현재 한국 기독교는 이미 그 전철을 밟고 있지는 않은가 하는 반성에서 자유롭지 못하다. 더욱이 충격적인 표현은 "교회는 실패하였고, 사회 치유는 더디므로"라는 대목이다. 영국적 상황에 대한 이 분석이 현대 한국 사회에 대한 기독교 문화의 무력을 경고하는 메시지는 아닌지 뒤돌아 봐야 할 것이다. 그만큼 문화에 끼치는 기독교의 영향에 관한 냉소가 사회 전반에 보편화된 것이 현실이다.

기독교 문화 영성이 빈곤했던 몇 가지 이유

한국 기독교 문화의 생산과 소비는 교회의 내부에서만 이루어지고 있다고 해도 과언이 아닐 것이다. 기독교의 중심에 교회가 자리잡고 있는 것은 사실이지만 기독교의 공간은 교회만이 아니다. 가정, 학교, 직장 등등 사회의 모든 공간이 기독교 문화와 관계해야 한다. 찰스 웨슬리(Charles Wesley)가 "세계는 내 교구다"라고 외쳤듯이 기독교는 전 사회에 영향력을 미쳐야 한다. 예수 그리스도가 우주적인 주권(cosmic sovereignty)을 소유하므로 그의 주권이 미치지 않는 곳이 없다는 개혁주의적 세계관(reformed world-view)에 의하면 기독교 문화는 삶의 모든 영역에 편만해 있어야 하는 것이다. 하지만 우리 나라와 같은 종교 다원주의적인 사회에서는 그렇지 못했다.

여기에 한국 기독교가 문화에 제대로 관심을 기울이지 못한 첫 번째 원인이 있다. 한국 기독교는 종교 다원주의라는 밀림을 헤쳐 오면서 신앙의 정체성을 확립하는 데 온 힘을 쏟았다. 유교적 권위주의는 교권주의를 불러왔고, 동양적 가부장제도는 목회자 중심의 하향식 권력 구조를 형성케 하였고, 샤머니즘적 정서는 기복주의와 비역사성을 부추기는 역할을 했던 것이다. 전투를 많이 하는 군인들이 경직되고, 건조한 정서를 갖게 되는 것처럼 한국 기독교계는 그와 유사한 양태로 고착되었다. 신앙을 위협하는 외부 요소들과 쉬지 않고 대치하다 보니, 신앙적 삶을 즐기고 기뻐하는, 즉 문화적 다양성을 향유할 여유를 갖지 못하였던 것이다.

두 번째 원인으로는 구원과 문화에 대한 잘못된 패러다임을 들

수 있다. 그것은 신앙과 불신앙, 구원과 저주, 천국과 지옥, 하늘과 땅 등으로 대변되는 이원론(dualism)과도 일맥상통한다. 예를 들면, 기독교인의 문화는 진리의 편에 선 것이기에 무조건 아름답다고 여기고, 비기독교인의 문화는 구원에서 제외된 것이기 때문에 죄의 소산이라고 보는 흑백론적 편견이 그것이다.

물론 우리는 대중문화 현상 속에서 첨예하게 대립하는 극단적인 문제를 혼동해서는 안 될 것이다. 그러나 우리의 신앙은 민주주의와 공산주의를 편가르듯, 교회 문화가 아니면 사탄 문화라는 식으로 얼마나 손쉽게 판단하고 분리하였는가? 한국 사회 속에 깃들어 있는 이런 이원론이 문화의 창조적 가능성을 상실하게 했다는 점은 매우 안타까운 일이 아닐 수 없다.

세 번째 원인은 인간론에 대한 오해 때문이라고 할 수 있다. 한국 기독교인의 영성에 대한 어느 조사에 의하면 상당수 크리스천들이 구원을 받은 후에도 죄의 문제를 해결하지 못하고 있다고 한다. 다시 말해 죄의식으로 전전긍긍하고 있다는 말이다. 하나님 앞에서의 자기 부정(self-denying)의 차원이 아니라, 정신병적 자기 파괴(paranoid self-destruction)의 증상에 이르게 되기도 한다는 것이다. 이로 인해 인간에 대한 불신이 증대되고, 그런 사상이 창조적 상상력(creative imagination)까지도 말살해 버리는 결과를 초래하게 된다. '죄인에게서 무슨 선한 것이 나올 수 있겠는가' 라는, 속죄 이전의 절망적 인간론이 구원 후에도 지속됨으로써, 문화 창조를 위해 필요한 거룩한 상상력(holy imagination)을 말살하게 되는 것이다.

특히 한국적 경건주의에는 이러한 경향이 강했다. 신앙인들의 자유로운 상상을 훈련하고 증진시키기보다는 억제하고 거세하려 했다. 말씀대로만 믿으라는 표현이 대표하는 신앙 이데올로기가 크리스천들로 하여금 눈멀고 귀먹게 하였을 뿐 아니라 꿈꾸고 상상하는 것을 저해하였으며 보수적인 교단일수록 그러한 경향이 더 강했다고 본다. 심지어는 신문과 TV를 죄와 유혹의 도구라고 여기며, 대중 매체를 아예 접하지 않는 근본주의적인 경향도 있으니 이런 풍토에서 과연 기독교 문화가 정상적으로 꽃피울 수 있었겠는가?

문화는 구원을 기다리는 기호로 가득 차 있다

현대인들은 무엇으로 살아가며 무엇으로 자신을 표현하는가? 문화이다. 현대인들은 문화로 살고, 문화로 자신을 표현한다. 문화는 현대인들이 살아가는 삶의 스타일(style of life)이요, 양식(pattern of life)이다. 현대인들은 마음, 생각, 의지, 감정, 가치관 등의 내면 세계를 문화로 말한다. 따라서 문화를 자세히 들여다보면 사람들이 무엇을 꿈꾸고, 원하고, 욕망하고 있는지 유추할 수 있다.

M. 타일러(Marc Taylor) 교수의 표현대로 문화는 구원을 기다리는 기호로 가득 차 있다. 그런데 문화를 한낱 개인들의 기호 정도로 생각하거나 무시해 버리는 경우가 비일비재했다. 문화를 통해서 현대인들을 관찰하면 우리는 현대인들이 얼마나 지쳐 있는지, 그래서 구원의 손길을 얼마나 애타게 기다리고 있는지를 알 수 있다.

리처드 니버(R. Niebuhr)는 기독교 문화가 지향해야 할 이상형(idealtypus)으로서 문화 변혁성(transformation)을 들고 있다. 그러나 복음을 무기 삼아 세상을 변혁하겠다고 돌진하기 전에 우리

크리스천들이 먼저 해야 할 일은 무엇보다도 예수를 닮는 것이다. 그의 성육신(incarnation)은 기독교 문화의 모델이 되어야 한다.

기독교와 문화는 성육신에서 만나야

성육신의 신학은 빌립보서 2장 7절에 잘 나타나 있다. "오히려 자기를 비어(kenosis) 종의 형체를 가져 사람들과 같이 되었고." 기독교 문화는 기독교적 특수성을 고집하고 내세우기보다는 "사람 같이 되었고"의 정신처럼 먼저 누구나 수긍할 수 있는 문화를 이루도록 해야 한다. 기독교의 이름으로 실천되는 여러 문화 행사들이 외면당하는 이유 중의 하나는 보통 사람들이 공유할 수 있는 편안한 주제가 아니라 거룩함이나 경건 같은 특수한 종교적 태도만을 강요한다는 것 때문이다. 기독교 문화는 낮은 자리에 내려가신 주를 본받아, 고고한 선민 의식과 문화적 우월주의를 버리고 보통 사람들이 공감할 수 있는 문화를 형성해 나가야 한다.

다음으로 기독교 문화는 예수의 행하심과 같이 온유하고 겸손하여야 한다. "수고하고 무거운 짐 진 자들아 다 내게로 오라 내가 너희를 쉬게 하리라."(마 11:28) 회심이나 결신을 앞세워 십자군처럼 돌진할 때 기독교 문화는 다시 경직되고 만다. 구호만 남을 위험이 있다. 기독교 문화는 누구든지 와서 거할 수 있는 푸른 초장, 쉴 만한 물가의 역할을 해야 한다.

그리고 서서히 하나님께서 지으신 창조 세계의 아름다움과 선함을 누리는 미적 체험을 하게 해야 한다. 기독교는 회심과 구원을 너무 앞세운 나머지 교양과 상식에서 벗어나 있고 미적 체험까지도 무시하는 경향이 많았다. 한 인격체는 신앙 논리만으로 살아갈 수 없는 복합체라는 것을 잊어서는 안 된다. 인간은 이성과 감성의 균형을 통해 바른 인격을 형성할 수 있다. 교양과 상식이 통하지 않고 종교적 구호만을 외치는 기독교 문화는 외면당할 수밖에 없다. 이는 기독교 문화 사역자들이 종종 간과하는 대목이기도 하다.

기독교 문화는 이러한 전제 조건을 충실히 보완해야 한다. 그래야만 의사소통의 기능을 할 수 있고 호소력을 발휘할 수 있게 된다. 여기에 복음이 담기면 비로소 문화 변혁의 능력을 얻게 된다. "내 이름을 경외하는 너희에게는 의로운 해가 떠올라서 치료하는 광선을 발하리니 너희가 나가서 외양간에서 나온 송아지같이 뛰리라."(말 4:2)

하나님은 영원한 생명을 주시기 위하여 복음으로 사람들을 부르셨다. 문화 또한 이 시대에 중요한 복음의 도구로서 쓰임을 받을 것이다. 앞으로는 문화 선교(cultural mission), 문화 목회(cultural ministries)의 소명을 삶의 전 분야에 확장하도록 해야 할 것이다.

8 부활절을 맞는 한국 교회에 부쳐

완연한 녹색의 시대가 열리는 생명의 계절 봄과 함께 부활절이 온다. 모든 강산에 생명의 움이 트고 깊은 대지로부터의 도약이 시작된다. 생명이 실제적인 작용이듯 부활도 관념적이어서는 안 된다. 부활은 역사요 체험이다. 그러나 아직 완성된 채로 체험할 수 없기 때문에 미래적인 것이기도 하다. 부활은 그래서 기다림과 함께 존재한다.

종교가 다원화되면서 죄에 대한 인식도 상대화되어 간다. 죄를 죄로 인정하지 않는 풍토가 보편화되어 간다. 이것이 현시대의 보이지 않는 병적 증상이다. 죄의 파괴적 권세가 도처에서 활개치고 있어도, 거의 무비판적으로 받아들여진다. 부활은 죄로부터 인류가 구원받을 수 있다는 거대한 증표이다.

죄의 상대화와 함께 사단은 사회 안에서 고도의 변장술로 활약한다. 신학자 쉬츠(P. Schuetz)는 사단의 교활한 '자기 부정'을 지적하였다. 사단은 사람들 속에 '사단은 존재하지 않는다'는 인식을 퍼뜨린다는 것이다. 사단은 스스로를 부정하기 때문에 자신의 모습을 숨기고 사람들로 하여금 사단의 존재를 부정하게 만든다. 부활은 사단의 이러한 속임수에 철퇴를 가하는 역사적 사건이다.

죄와 사단은 인류에게 절망과 낙담을 선사했다. '죽음에 이르는 병' (Kierkegaard)에서 인간은 스스로 벗어날 수가 없다. 허무주의는 갖가지 가면을 쓰고 등장하여 사람을 상실에 빠지게 한다. 그러나 부활은 이러한 막다른 골목에서 절규하는 인류에게 주어지는 신의 은총이다.

그러나 이 부활의 메시지를 "부활의 영광, 월드컵 승리"로 연결지어 교회 밖에 거대한 플래카드를 내거는 행위에서는 진정한 신앙 개념을 읽어낼 수가 없다. 예수 그리스도의 부활이 한낱 사회적 슬로건에 비유할 가벼운 사건이 아님을 신앙인들은 그들의 삶 속에서 증명해야 할 것이다. "행함이 없는 믿음은 죽은 것"이라는 경고를 잊지 말아야 한다.

9 종교개혁은 오늘도 유효하다

2003년은 종교개혁(Reformation) 485주년이 되는 해다. 1517년 10월 31일 루터가 비텐베르크 교회 문에 95개 조항의 반박문을 게시하여 교회와 신앙에 관한 개혁 의지를 표명함으로써 그동안 숨죽이고 있었던 개혁의 불씨가 드디어 사방으로 번지기 시작했다. 이 종교 혁명의 불길은 츠빙글리, 칼빈 등을 통해 세계 역사 속으로 계속해서 번져나갔다.

종교개혁을 일으키게 했던 근본 원인은 무엇인가? 두 가지만 살펴보자.

하나는 중세 교회의 타락이었다. 당시 가톨릭 교회는 교회의 직분을 돈으로 매매하도록 허용하여 타락을 가속화시켰다. 그 정도가 극심하여 신부들 가운데서 애첩을 거느린 자들, 사생아를 낳은 자들이 수도 없이 많았다고 하며, ― 마녀 사냥이 일어난 원인 중의 하나가 신부들에게 고분고분 굴지 않는 여성들을 파멸시키려는 데 있었다는 사실은 우리를 경악하게 한다. ― 심지어 교회에서 면죄부를 판매하는 일까지 벌어졌다. "너희들이 넣는 돈이 이 궤짝 속에 들어가 딸랑 하는 소리가 나는 순간, 불쌍한 영혼들은 연옥으로부터 해방되어 뛰쳐나오게 된다."

당시 부패한 교회는 하나님의 말씀보다 자신들의 권위를 내세워 성경을 자의로 해석하였고, 평민들이 성경 읽는 것을 금지하였다. 금서 목록에 성경이 들어 있었고, 예배는 그들이 알아듣지 못하는 라틴어로 진행되었다. 교회는 백성들과 완전히 유리되어 있었다. 루터는, 교회가 바벨론에 포로로 잡혀간 이스라엘 백성처럼 세속화의 포로가 되었다고 주장하였다.

종교개혁을 일으킨 다른 한 요소는 성경적 고뇌였다. 종교개혁가들의 신학적 이해는 조금씩 달랐지만, 그들이 동일한 개혁의 구심점을 가질 수 있었던 것은 '의로우신 하나님 앞에 죄인인 인간이 어떻게 의롭다고 인정함을 받을 수 있는가?' 하는 명제를 공유했기 때문이었다. 그들은 성경에서 그 해답을 찾았다. "오직 의인은 믿음으로 말미암아 살리라"(하박국, 로마서)라는 말씀에서처럼, 루터를 위시한 종교개혁가들은 믿음 외에는 칭의(justification)를 받을 수 있는 길이 없음을 깨달았다. '오직 믿음'(sola fide)으로만 하나님께 나아갈 수 있다는 깨달음이 천년 중세 시대의 종지부를 찍게 한 것이다.

여기서 묻지 않을 수 없다. 그렇다면 종교개혁은 완성되었는가? 우리는 분명히 종교개혁이 아직도 진행 중이라고 답할 수밖에 없다. 18세기에 키에르케고르는 실존적인 신앙의 본질을 놓고 고민하다가 당시 덴마크 교회와 마찰을 빚었다. 그는 이렇게 단적으로 말했다. "과연 성경 한 구절을 어떻게 전할까 하는 고민 때문에 밤잠을 설치고 강단에 서는 설교자가 오늘날 존재하는가?"

비슷한 시대 프랑스에서는 루소가 가톨릭 교회의 부패와 신부들의 탐욕적인 삶을 비판하다가 교회를 대적하는 자리에까지 나아갔

고, 급기야 그 타락의 양상이 심화되어 1789년 프랑스 혁명 때 무수
히 많은 성당이 불에 타고, 신부들이 죽임을 당했다. 교회의 치욕적
인 역사는 그것으로 끝나지 않는다. 19세기 중엽, 니체는 유럽 교회
를 이렇게 비판했다. "교회는 신의 무덤이다." "신은 죽었다. 우리
가 신을 죽였다."

　그 후 우리는 20세기를 거쳐 21세기에 진입했다. 한국 기독교의
예를 보더라도 비판과 비난의 소리가 끊이지 않는다. 목사직 세습
에서부터, 오래 전부터 거론되어 오던 성장지상주의, 물신주의, 기
복주의, 물량주의, 세속주의 등에 이르기까지 개혁해야 할 영역들
이 아직 많이 남아 있는 것이다.

　485주년을 맞는 종교개혁 기념일은 우리에게 시대적 사명을 불
러일으키고 있다. 개혁은 아직 끝나지 않았다. 한국 기독교에 아직
희망이 있다. 한국의 부흥은 개혁되는 교회를 통해 다시 찾아올 것
이다. 거룩하신 주여, 불타는 성령을 오늘 우리에게 주옵소서.

10 역사를 선도하는 신앙으로

한국 기독교를 진단하는 식견 있는 사람들이 우려하는 다음의 몇 가지 현상들이 있다. 한국 기독교에 채색된 기복주의, 물량주의, 성공주의, 경쟁주의, 대형화, 비역사성 등이 그것이다. 얼마 전에는 『교회가 죽어야 예수가 산다』는 제목의 책이 등장하여 기독교의 보수성에 일격을 가했다. 교회가 죽어야 예수가 산다니, 이는 무슨 의미일까?

안티 기독교 사이트에 들어가 보면, 그들이 표적으로 하는 단골 메뉴가 바로 위에 열거한 내용들에 근접한 것이라는 사실을 알 수 있다. 어떤 면에서 안티 기독교인들은 때로 비판의 근거가 빈약하고, 허황된 소문에 흥분하기도 하며, 단순히 악의적인 감정에서 욕설을 퍼붓기도 한다. 그러나 그중 귀담아 들어야 할 쟁점들을 잘 가려낼 수 있어야 한다. 그럼에도 불구하고 역사를 돌이켜 볼 때, 기독교는 인류 역사를 이끌어온 희망의 종교요, 사랑의 종교였음을 확인하게 된다. 기독교는 현재 많은 모순을 껴안고 있지만, 그렇다고 해서 쉽게 매도되어질 수 있는 가벼운 종교는 아니다. "교회는 순교자의 흘린 피 위에 세워진다"는 말처럼 기독교는 인류 역사를 위해 피흘렸던 경험을 가지고 있고, 그것이 근원적인 신앙 본질이었던 것이다. 예수 그리스도의 교회는 결코 지상에 존재하는 제국이나 정권처럼 총체적으로 부패하지 않는다는 것을, 먼저 우리 스스로가 알아야 한다.

교회는 생명의 복음을 수혈함으로써 흑암을 빛으로, 혼란을 질서로, 미움을 사랑으로, 대립을 화해로 변화시키는 능력을 가지고 있다. 이것이 교회의 본질이요, 교회를 통하여 사회를 변화시키려는 하나님의 뜻이다. 우리 사회는 지금, 자칫 대혼란에 빠질 수 있는 기로에 서있다. 보수와 진보, 좌우 이데올로기, 여야의 끊임없는 대립이 계속 되풀이되고 있다. 역사를 이끌어 갈 수 있는 바른 판단은 우리 기독교인들의 몫으로 남겨져 있다.

VIII. 이 땅의 새벽이슬은 무엇으로 사는가?

1　기독 청년에게 고(告)함!

　언젠가 대학로에 나간 적이 있다. 거기서 수많은 젊은이들을 보았다. 자유가 만발한 시대라는 것을 그들의 걸음걸이에서부터 알 수 있었다. 예전에는 좌측통행이 강요되었지만 이제 거기엔 통행의 자유를 제한하는 어떤 법률도, 눈치도, 손가락질도 없었다. 예전 같으면 "어디 어른 앞에서 버릇없이!"라는 고함이 수차례 들려 왔을 법한 풍경들이 나를 스쳐갔다. 그러나 경직된 예절과 획일적 이데올로기가 살아 있던 시대는 지나고, 이제는 열린 시민 사회가 사람들을 부추기고 있었다.

　대학로 이쪽에서 저쪽으로 걷노라면 수십 번도 더 몸을 부딪혀야 한다. 표면적으로는 좀처럼 이웃과의 교류가 없는 요즘, 오히려 그런 부딪힘들이 정겨운 것이라고 생각할 수도 있을 것이다. 그러나 그것은 사실 이기적인 몸부림에 가깝다. 자신의 공간을 확보하기 위해 서로 부딪치고 있는 것에 지나지 않는다. 대학로에 가득 찬 군중들 속에서 서로 무관심하게 걷고 있는 사람들은 과연 무엇을 향해 가고 있는 것인가? 문득 쓸쓸한 생각이 들었다. 이것이 우리에게 익숙해져 버린 만남의 방식인 것 같다. 사회는 갈수록 세분화되고, 사람의 만남은 점점 더 이기적인 방식으로 이루어질 것이다. 서로 간의 고립은 깊어지고, 불신의 벽은 알지 못하는 사이에 높아질 것이다. 사람들은 디지털 혁명으로 서로 밀착되어 있지만, 그것은 정보를 얻기에 혈안이 되어 있는 이들 간의 이기적 관계일 뿐, 그 부딪힘 속에는 사람 냄새가 아닌 기계적 소통들만이 오고 가는 것이다. 저마다 손에 핸드폰을 들고, 이웃과 몸을 부비면서도 또 다른 사람의 전화를 기다리고 있었다.

기독 청년들이여! 이것이 현실이다. 사람들은 술에 취한 듯 중심을 잃고 휘청거리며, 때로는 탐욕의 눈으로 지나가는 여인을 훔쳐보기도 한다. "사랑은 움직이는 것"이라고 공공연히 외치며 감정의 남용을 합리화한다. 책임 없는 자유와 소비 지상주의 그리고 물신주의가 밤이고 낮이고 사람들의 거리를 물들이고 있다. 이제 누가 이 시대를 부둥켜안고 안타까운 흐느낌으로 몸부림칠 것인가? 이제 누가 이 시대를 위하여 몸으로 항거할 것인가?

기독 청년들이여! 시대의 아픔과 상처를 그냥 바라다만 볼 수 없어 두 눈에 눈물이 글썽이는 청년들이여! 이제 시대를 끌어안으라. 휘청이는 거리를 끌어안으라. 공중에 부유하는 허위 의식을 끌어안으라. 목적을 상실한 채 방황하는 사람들을 끌어안으라.

기독 청년들이여! 볼 만한 눈이 없는 자들을 위하여 눈이 되어라. 들을 귀 없는 사람들을 위하여 그들의 귀가 되어라. 진리를 외치지 못하는 자들을 위하여 입이 되어라. 이것이 그대들을 향한 하나님의 뜻이 아니겠는가? 분별하고 또 분별하라. 삼가 분별하여 행동하라.

2 사막의 폭풍으로 뛰어들어라

– 기독교적 시각에서 본 인물론(1): 샤를르 드 푸코

카레토 신부는 모든 것을 버리고 길을 떠났다. 그가 도착한 곳은 사막이었다. 그는 왜 보장된 신부의 길을 포기하고 가난하고 척박한 땅 사하라 사막으로 갔을까? 사막에서 별을 본 사람이 아니면 그곳에서의 별이 어떤 것인가를 상상할 수 없다. 그는 십수 년이 넘도록 그곳에 머물면서 기도에 몰두하였다. 그리고 카레토는 『사막에서의 편지』라는 글을 남겼다. 그가 사막으로 간 것은 사하라 사막의 한 끝에 예수처럼 살다간 한 인물이 있었기 때문이었다. 카레토로 하여금 제도적 안정과 편안한 삶에 대해 부끄러움을 갖게 하고, 드디어 하나님께 더 가까이 나아가는 순례의 길을 떠나게 했던 인물은 샤를르 드 푸코(Charles de Foucauld) 수사였다.

"어떤 날 수도원 바로 옆에서 살던 신자가 죽어, 그는 원장의 지시를 따라 그 뒤처리를 맡아 하게 되었다. 죽은 사람은 아랍인 계통의 그리스도교 신자였다. 그는 형편없이 더러운 집에 안치되어 있었다. 샤를르 수사는 그 시체가 있는 방에서 진정한 가난을 보았다. 그 시체 옆에는 굶주린 아이들과 가장을 잃은 부인이 있었는데 그들은 죽음의 슬픔보다는 당장 먹을 빵이 없어 울고 있었다. 여기서 샤를르 수사는 처음으로 심한 영적 위기를 느꼈다. 이 사건으로 인해 그는 트라피스트 수도회를 나와 다른 성소를 찾았다.”(카레토, 『사막에서의 편지』, 71쪽)

진정한 가난을 맛보고, 가난에 허덕이며 사는 사람들을 사랑하고, 그들과 함께 하기 위하여 이 땅에 오신 나사렛 예수 그리스도. 수사 샤를르 드 푸코는 그러한 예수를 따라 낮은 삶을 살았다. 예수님이 자신의 백성에게 오셨을 때, 그 백성들은 자신들의 죄 때문에 오히려 주님을 배척하며 작당하여 십자가에 못박았다. 어쩌면 우리 시대의 배부른 사람들은 푸코에게도 등을 돌릴지 모른다. 그의 삶은 우리에게 부끄러움의 파도를 몰고 오는 해일이기 때문이다.

샤를르 드 푸코는 1858년 프랑스 스트라스부르의 부유한 귀족 가문에서 태어났다. 하지만 그의 삶은 방황과 방탕의 연속이었다. 전쟁에 참여하기도 하고 여행을 하기도 하면서 일정한 목표 없이 지내던 그는, 삶의 의미와는 점점 거리가 멀어지고 있었다. 그러던 중 그는 비참하게 살아가는 사람들을 만나게 된다. 그 이후로 푸코는 가난 속에서 생의 처절한 절망을 체험하고 하나님이 왜 이 땅에 오셨는지를 고민하며 희미하게 신앙에 눈 떠간다.

40세가 되던 1901년, 그는 사제 서품을 받고 가난한 사람들과 이슬람 교도들이 사는 사하라 사막으로 자진하여 들어간다. 나사렛 예수가 진정으로 가난한 자가 되어 가난한 사람들 속으로 들어갔듯이 푸코는 그들의 선한 이웃이 되어 조용히 섬기는 삶을 살았다. 15년이 지날 무렵, 종교적 갈등이 아프리카 대륙에 불어닥쳤고, 그는 1916년 12월 과격파 이슬람 교도의 총에 의해 순교를 당했다.

푸코는 예수님을 어떻게 이해했는가. 나사렛 예수는 가난한 사람들 곁에 있어 주기 위해서 이 땅에 오신 분이다. 푸코는 그러한 예수를 따라, 자신의 상황을 의식하지도 못한 채 버림받고 가난하게 살아가는 사람들의 곁으로 다가갔다. "내가 의인을 부르러 온 것이 아니요 죄인을 부르러 왔노라"(마 9:13)고 하신 예수의 말씀을 순종하기 위하여 그는 좀더 래디컬해지지 않으면 안 되었다. 래디컬(radical)하다는 것은 본래 상태로 되돌아간다는 뜻이다. 복음적인 의미에서 래디컬해진다는 것은, 본회퍼(Bonhoeffer)의 말대로 예수를 따라가는 삶을 일컫는 것이다. 예수를 따라간다는 것은 자신을 포기하는 것을 전제로 한다.

푸코는 예수처럼 포기하는 삶을 살았다. 귀족의 명예와 편안한 삶, 연인과의 달콤한 사랑, 가족의 단란한 행복과 도시의 삶을 포기했다. 그리고 끝내는 자신의 목숨까지도 포기했다. 우리를 위해 모든 것을 포기하신 예수님처럼, 그는 자신을 죽일지도 모르는 이교도들의 심장으로 한발 한발 걸어 들어간 것이다.

우리는 과연 무엇을 포기할 수 있는가? 눈앞에 어른거리는 이익과 현란하게 손짓하는 이 시대의 행복한 노래와 높은 연봉의 직장을 포기할 수 있는가? 순결을 위하여, 정직을 위하여, 시대의 정의를 위하여 우리는 욕망을 포기할 수 있는가? 복음은 타협이 아니다. 복음은 적당한 악수를 원하지 않는다. 복음은 본래 래디컬한 것이다. 푸코는 이 땅을 살아가는 우리를 향해 말하고 있다.

"모든 것을 빼앗기고 벌거숭이로 땅바닥에 넘어져 피투성이, 상처투성이가 되어 잔혹하게 순교자로서 죽어야 할 것을 생각하여

라. 그리고 그날이 오늘이기를 바라라. 이 무한한 은혜를 받을 수 있도록 충실하게 십자가를 지거라." (푸코, 『사하라의 불꽃』, 148쪽)

3 안데스의 휴머니스트

– 기독교적 시각에서 본 인물론(2): 체 게바라

역사가 기억하고 있는 사람들은 어떤 유형의 사람들일까? 역사는 평범한 사람들에 의해 이루어져 가지만, 역사에 의해 기억되는 사람들은 뭔가 특별한 것을 감행한 사람들이다. 그들은 세종대왕처럼 긍정적인 업적을 남긴 사람들일 수도 있고 히틀러와 같이 부정적인 일을 저지른 사람들일 수도 있다. 역사는 그만큼 중립적이며 포용적이다.

여기 역사가 '우리 세기의 가장 성숙한 인간'(Sarteres)이라고 기억하고 있는 사람이 있으니 그의 이름은 체 게바라이다. 한때 좌익 성향의 젊은이들에게 우상으로 떠받들어졌으나 이제는 휴머니즘을 추종하는 세계 젊은이들의 스타가 되었다. 체 게바라는 래디컬한 삶이 어떤 것인지 역사 속에 깊이 각인시켰다. 그의 정신은 역사를 안일하게 바라보는 사람들에게 오늘날까지도 도전을 주고 있다.

체 게바라는 1928년 6월 아일랜드계 아버지와 스페인계 어머니 사이에서 태어나 고생을 모르고 부유하게 자랐다. 그는 의사가 되어 행복이 보장된 삶을 살 수도 있었지만, 학창 시절 남미 대륙을 두루 여행하면서 형성된 인류애는 그를 그냥 놔두지 않았다. 당시

아르헨티나, 볼리비아, 페루, 칠레 등지의 남미에서는 독재 이데올로기에 의한 민중의 고통이 극에 달해 있었다. 체 게바라는 공산주의 혁명 이론을 접하게 되고, 혁명만이 민중을 구할 수 있는 길임을 확신하게 된다. 우리가 주목할 것은 체 게바라의 혁명관이 권력 투쟁이 아닌 이상적인 공동체주의라는 것이다. 그는 휴머니즘을 표방한 낭만주의적 혁명가였다. 밀림에서 끌고 다녔던 말에 '로시난테'라는 이름을 붙인 것을 보면 그가 어떤 성향의 소유자였는지 알 수 있다.

헤밍웨이가 시카고 기자로 재직하던 당시, 지식인이라는 책임감 때문에 스페인 내전에 뛰어들어 프랑코 정부군에 맞서 싸웠듯이 체 게바라도 혁명이 필요한 곳에는 어디든 쫓아갔다. 볼리비아, 페루, 과테말라, 멕시코 등에서 혁명 이론을 훈련하고, 쿠바에서 카스트로와 함께 혁명에 성공한다. 그리고 여러 고위 행정직을 맡아 수행하던 중, 다시 혁명의 도전을 받아 아프리카 콩고를 거쳐 볼리비아에 잠입해 들어온다. 그러나 볼리비아에서 혁명을 이끌던 중 체포되어 마침내 1967년 39세의 나이로 죽음을 맞는다. 남미 혁명의 완성을 보지 못하고 죽어간 그는 이렇게 말하였다. "이 실패가 결코 혁명의 종말은 아니다."

현재의 우리 사회를 바라볼 때마다 반대급부로 체 게바라가 떠오른다. 군부 독재 이데올로기를 지나왔지만, 아직은 정치의 총체적 부패에 허덕이는 우리의 현실에 그는 하나의 도전이 되고 있다. 그는 정치적으로나 종교적으로 모든 이에게 도전장을 던진다. 혁명은 멀리 있는 것이 아니라고. 혁명은 공산주의식 무력 투쟁만을 일컫는 것이 아니라고. 프롤레타리아 혁명은 소련의 붕괴와 함께 그 불이 꺼졌지만 진정한 의미의 혁명은 아직 계속되고 있다고. 진정한 혁명은 결코 꺼질 수 없다고 말이다.

　체 게바라의 휴머니즘과 16세기 종교개혁가들의 믿음을 빌어 이렇게 묻고 싶다. 현대의 종교는 신자들을 오히려 억압하고 있는 것이 아닌가? 한국 교회는 정말 백성을 해방시키는 종교로 서 있는가? 어쩌자고 가장 진실해야 하고, 진리로 살아가야 할 신자들이 세속의 편안함과 안일함에 편승하는가? 혹 교회는 기회주의자에 익숙해져 가고 있지는 않은가? 교회가 교권주의와 세습, 세속과의 결탁으로 오명에 물들고 세인들의 비판을 받을 때는 절망감마저 든다. 체 게바라와 같은 비신앙인도 동족을 사랑하고 이웃을 끌어안으며 인류를 해방시키기 위해 목숨을 던졌는데, 이 시대의 기독교인들은 무사안일과 이기적인 복지부동에만 관심을 갖고 있는 것은 아닌가? 오늘날 "경건의 능력을 부인하는 자"들을 향한 체 게바라의 메시지가 무엇인지 돌이켜 생각해 보아야 하겠다.

4 '지금은 겨울이다', 그러니 적진(敵陣)으로 뛰어들라!
– 기독교적 시각에서 본 인물론(3): 주기철과 본회퍼

계절은 각각의 특색을 가지고 있다. 그 중에서도 봄과 겨울은 역사를 상징하는 데 자주 등장하는 익숙한 메타포이다. 겨울은 종종 반민주적인 독재, 전제, 군부 폭력 정치를 상징하였고, 봄은 민주적 시민평등사회를 상징하였다. 밤이 어두운 시대를, 낮이 해방과 자유, 광명의 날을 상징하는 것과 비슷한 맥락이다. 그러나 지금은 '겨울'이다. 우리는 점점 더 깊고 혹독한 겨울을 향해 들어가고 있는지도 모른다. 전반적인 경기 불황과 매년 심각해지는 취업난, 무차별적으로 불어오는 가치관의 눈보라가 우리가 사는 이 시대를 얼어붙게 하고 있는 것이다. 지리산의 반달곰과 소백산 계곡의 개구리는 겨울잠에 들어가지만, 겨울잠을 잘 수 없는 우리 인간들은 겨울을 어떻게 준비해야 하는가? 이 땅의 젊은 청년들은 어떻게 이 겨울을 지나야 하겠는가? 겨울의 고비를 넘어선 역사 속의 두 사람이 여기 우리를 깨우친다.

주기철 목사님의 겨울은 일제 시대였다. 일제는 우리 나라를 정치적으로 속박했을 뿐 아니라 신사참배를 강요하는 등 종교적인 영역에까지 권력을 행사하였다. 당시 독일도 사정은 다르지 않았다. 독일의 나치즘이 표방했던 민족우월주의는 유럽에서 미국으로까지 번져나갔다. 하나님은 백인만을 사랑한다고 주장하거나 구약은 유대인의 종교 서적일 뿐이라는 식의 어용 신학으로 기독교 신앙의 기반을 무너뜨리려 하였다. 그런 현실은 본회퍼에게도 얼어붙은 겨울의 때였던 것이다.

주기철(1897~1944)과 본회퍼(1906~1945). 그들이 살아남으려고만 했다면, 방법은 어렵지 않게 찾을 수 있었을 것이다. 그러한 상황에 대해 침묵하기만 했어도 최소한 목숨은 건질 수 있었다. 그러나 그들은 침묵할 수 없었다. 본회퍼 목사는 당시 영국을 자유롭게 왕래할 수 있었기 때문에 주변에서는 그가 독일로 돌아가는 것을 만류했다. 그러니 못이기는 척하고 영국에 주저앉으면 살 수 있었지만 본회퍼는 조국의 성도를 버릴 수 없었기에 굳이 적진으로 들어갔다. 주기철도 마찬가지였다. 신사참배에 대해 침묵을 지키기만 하면 죽음의 위협은 당하지 않을 수 있었다. 그러나 타협에 의한 생명의 연장은, 진정한 신앙인으로 살아가는 그들에게 그리 중요한 문제가 아니었다. 이 두 사람은 비굴하게 살아남는 것을 원하지 않았다. 암흑의 겨울, 그들은 겨울을 피하지 않았다. 오히려 차디찬 겨울의 한가운데로, 적진으로 뛰어들었다. 주기철은 옥중의 폭력과 생명을 바꾸었고 본회퍼는 적들의 손에 목숨을 넘겨주었다.

겨울을 맞은 우리의 새벽 청년들이여, 이 땅의 새벽이슬들이여! 지금은 겨울이다. 피하지 말고, 그들처럼 적진으로 뛰어들어 겨울을 불사르라.

5 너희는 초극하기 위하여 무엇을 하였느냐
- 기독교적 시각에서 본 인물론(4): 니체

현재 우리는 포스트모더니즘 시대를 살아가고 있다. 모든 것이 상대화되고 다원화되고 일탈이 권장된다. 서정적인 것보다 썰렁한 것을 즐기고, 단면을 보기보다는 뒤집어 보고 거꾸로 보고 삐딱하게 보려 한다. 절대적이고 전통적인 것은 거부되고, 무조건 새로운 것, 재미있는 것, 자극적인 것을 선호하는 경향이 짙어졌다.

게다가 우리의 시대는 서서히 아날로그 방식과 멀어지고 있다. 자연의 색깔과 음향, 자연의 분위기와 정조를 하나로 '짬뽕' 하기 위하여 발견한 디지털은 가히 혁명적인 것이었다. 하나의 칩 속에 온갖 복합적이고 이질적인 정보가 통합되어 전달된다. 색깔, 음향, 성격도 기호화되었으며, 언젠가는 인간까지도 기호화될 가능성이 없지 않다. 시대는 급기야 급류를 타고 흘러가는 것이다.

이러한 시대를 예고했던 철학자로 니체를 드는 사람들이 많다. 하이데거도 그랬고, 사르트르도 그랬고, 들뢰즈도 그랬다. 독일의 문헌학 교수요 집필가였던 니체가 철학자로 변신하면서 다루었던 범주 가운데 하나가 도덕과 윤리였다. 그는 도덕과 윤리에 영원불변의 절대 진리가 있는지를 고민하다가 비관적인 결론을 내리게 된다. 그 때로부터 절대 진리의 상징으로 자리매김해 온 기독교는 공격의 표적이 되기 시작했다.

　니체는 기독교가 문명의 독(毒)이라고 비판하였다. 또한 기독교는 노예의 도덕을 가르치는 종교이며, 기독교가 말하는 사랑은 복수심을 발산하지 못한 자기위안적이고 자학적인 심리 현상이라고 폄하하였다. 기독교의 기적은 모두 거짓말이고 구약은 이스라엘의 민족사에 불과할 뿐이며, 신약은 예수의 제자들이 꾸민 신화일 뿐이라고 주장하였다. 그에 의하면 성직자들은 겁쟁이이고, 도덕과 윤리로 백성들을 우민화시켜 절대 진리를 강요하는 허무주의자들인 것이다.

　결국 니체는 교회를 가리켜 "신의 무덤"이라고 선포하기에 이른다. 그는 이렇게 선언한다. "신은 죽었다. 우리가 신을 죽였다. 우리는 이제 자유다." 니체가 창조한 자유인은 턱수염이 덥수룩한 차라투스트라의 모습으로, 전능한 슈퍼맨의 모습으로 우리에게 나타났다. 그가 이 포스트모더니즘 시대에 부활하듯 다시 등장한 것이다. 이들 니체의 피조물들은 우리 시대 곳곳에서 만날 수 있다.

　니체는 10년 간 정신병을 앓다가 1900년에 숨졌다. 그의 사후 100년 동안 우리는 무엇을 하였는가? 니체는 묻는다. "너희는 초극하기 위하여 무엇을 하였느냐?" 지금 기독교를 비난하는 사람들이 도처에서 스타라는 이름으로 활약하고 있다. 제2, 제3의 니체와 그 후예들이 기독교인들에게 다시 묻는다. "너희는 초극하기 위하여 무엇을 하였느냐?"라고.

　한번 진지하게 반성해 보아야 한다. 우리는 혼란과 방황에 몸을 맡긴 이 시대가 던지는 질문에 대답할 것을 준비해 왔는가? 그저 "믿기만 하라"고 말할 수는 없지 않은가? 예수에게는 신적 권위가 있지만, 우리는 죄와 실수로 범벅이 된 인간에 불과하다. 예수의 당위적 확신은 우리에게서 나온 것이 아니며, 믿음 자체에 대해 강조하는 것은 궁색한 대답이 될 뿐이다. 니체는 '시대의 우울'을 고민하는 허무주의의 한 상징이다. 허무주의는 어느 시대에도 치유되지 못한 인류의 병이었다. 니체는 온 몸에 고뇌의 짐을 지고 기독교인들에게 절규하고 있는 것인지도 모른다. "와서 우리를 도우라."

그런데 우리는 무엇을 대답해 왔던가? 혹시 그 인간적 고뇌에 무응답으로, 복지부동으로 대응해 왔던 것은 아닌가? 우리들은 백 년 동안 침묵을 지켜왔고, 니체의 후예들은 '백 년 동안의 고독' 끝에 드디어 항거를 시작한 것은 아닐까? 그렇다면 니체주의자들이 펼치는 시대의 항변에 대한 책임은 우리에게도 있다. 니체를 통하여 어떻게 처방할 수 있을 것인가? 피하지 않고 현실을 직시하며 대답할 것을 준비하는 것, 그것이 제2, 제3의 니체주의자를 극복하는 길이다.

6 '도덕의 계보'라는 게릴라전(戰)

– 기독교적 시각에서 본 인물론(5): 다시 니체

니체는 19세기 중엽의 사상적 게릴라였다. 정통 학문과 지성, 사상과 종교에 반항하고 깊은 산이나 숲으로 피해 다니면서 저항전을 펴던 그런 게릴라였다. 니체는 "나는 그렇게 생각하지 않는다", "왜 꼭 그래야만 합니까?"라는 문체의 딴죽걸기, 뒤집어 보기, 삐딱하게 보기, 바꿔 보기, 기존 생각 무시해 버리기 등의 방식을 통해 전통적 태도에 저항하였다. 『도덕의 계보』는 니체의 이러한 사상적 궤적을 잘 보여 주고 있다.

그의 사상은 서구 문명이 당연하게 받아들였던 선과 악의 개념, 도덕, 윤리, 가치관이 선험적인 것이 아니라는 인식에서 출발한다. 그는 스스로의 사상에 도취되어 무릎을 탁 친다. "지금 우리가 당연하게 받아들이는 도덕은 지배 권력이 소유하고 있는 관습으로부터 기인한 것이다." 니체는 서구의 지배 세력이었던 기독교라는 권력을 대상으로 긴 게릴라전을 펼친다. 당시에는 선과 악, 도덕의 체계가 인간 영혼에서 생겨나는 개념이라고 믿어져 왔지만, 니체는 '영혼'이라는 것이 애초에 존재하지 않으며 한낱 조작된 개념에 지나지 않는다고 주장하였다. 모든 인간 행동의 현상은 심리학적인 기제 때문에 발생하는 것이며, 인간 내면에 도사리고 있는 원한, 복수

등의 가장 원시적이고 동물적인 충동이 사회의 어떤 권력에 의해 조작되어, 천륜(天倫)으로서의 도덕이 탄생하게 되는 것이라고 하였다. 사람들은 도덕이라는 말에 지배되고 신음하며 권력의 횡포를 당해 왔다. 도덕이 사회를 규제함으로써 인류의 해방이 저해된 것이다. 이 즈음에 이르러 니체는 인류 해방론자가 된다. 그 해방의 물결은 신을 부정하고, 신적 질서에 이의를 제기하고, 신적 정의를 삐딱하게 보도록 만들었다. 한때는 게릴라적 태도에 불과했던 그 사상이 이제는 주류가 되어 2천 년 시대를 주름잡고 있다. 세상이 뒤바뀐 것이다.

시대를 몰고가는 세상 문화의 가치관을 바라볼 때, 기독교 세계관 운동은 이제 비주류로 밀려나 목소리도 제대로 내지 못하고 있다. 이러한 현실에서 우리가 무엇을 해야 할 것인지는 명백하다.

7 고통을 다루는 예술

– 기독교적 시각에서 본 인물론(6): C. S. 루이스

고통의 문제

어느 모임에서 C. S. 루이스의 "고통의 문제"(problem of pain)에 대해 토론한 적이 있었다. 그 모임에서 나누어진 공통된 생각 중 하나는, 우리 자신이 고통에 대해서 너무 무지하다는 것이었다. 그러나 실존의 절반은 고통으로 이루어져 있으므로 고통을 잘 다룰 수 있다면 감춰진 생의 의미들을 발견하게 된다. 우리는 그동안 고통을 피상적으로, 감각적으로만 다루어 왔다. 이제 고통에 대한 사유로 잠시 내려가 보자.

고통의 철학자 C. S. 루이스

C. S. 루이스는 아홉 살 때 어머니를 여의었다. 암으로 세상을 떠나는 어머니를 보면서 어린 루이스는 자신도 모르게 하나님을 부정하게 되었다. 그는 "하나님은 모든 기도를 들어 주신다. 그러므로 나의 기도도 들어 주실 것이고, 어머니를 낫게 하실 것이다."라는 확고한 믿음 가운데 있었지만 어머니는 끝내 세상을 떠나셨고, 그

는 깊이 낙담하여 20년이라는 시간 동안 하나님을 떠나 살았다. 훗날 그는 이 때를 가리켜 "경험적 무신론"의 상태라고 말하였다.

그는 상황적으로 매우 암울한 시대를 살았다. 옥스퍼드 대학 재학 중 제1차 세계대전에 참가하였지만 프랑스 전투에서 부상을 입어 후송 당하였고, 『고통의 문제』를 집필할 당시에도 제2차 세계대전이 진행되고 있었다. 조국의 수도인 런던은 나치 독일 공습기에 의해 쉬지 않고 폭격을 당하였다. 따라서 "고통의 문제에 대해 쓸 자격이 없다"라고 말했던 겸손한 이 학자는, 관념으로서의 고통이 아니라 구체적 상황 속에서 다루어져야만 했던 실제적인 고통을 매우 긴 시간 동안 체험했던 셈이다.

고통, 하나님의 확성기

"고통은 세상에 관해 귀를 닫고 있는 사람들을 향한 하나님의 확성기다."(C. S. 루이스)

만약 고통이 없다면 사람들은 진실에 귀를 기울이지 않을 것이다. 사람은 어쩔 수 없이 이기적이고 개인적인 존재들이다. 그것은 인류 공통의 숙명이다. 루터는 이에 대해 "죄인들의 어쩔 수 없는 자기 사랑"이라고 명명했다. 자기를 사랑하기 때문에 죄인이 아니라, 자기만을 사랑하기 때문에 하나님을 부정하게 된다는 의미이다. 그러나 자기를 사랑하는 것은 당연한 이치이다. 자기 자신조차도 사랑하지 않으면서 어떻게 남을 사랑할 수 있겠는가. 이것은 예수께서 지적하셨던 말씀이기도 하다. 그러나 이러한 자기 사랑은 하나님을 사랑하는 데까지 나아가야 한다. 인간적인 자기 사랑은 스스로에게만 집착할 뿐, 하나님도, 이웃도 진정으로 사랑할 수가 없다. 이러한 면에서 C. S. 루이스는 루터의 의미를 계승하고 있다. 고통은 이기적인 자기 사랑이 만든 성채이자, 독방을 극복하고 바깥으로 귀를 기울이게 하는 방망이인 것이다. 고통은 인간을 아프게 하지만 또한 성숙하게 한다. 『데미안』에서 싱클레어는 이렇게 말한다. "모든 새는 알을 까고 나온다. 그것은 고통이다. 그 고통 뒤에는 그러나 성숙이 따라온다."

타인에게 말걸기

"고통은 자신의 방에서 나와 타인의 방으로 들어가는 것이다." (C. S. 루이스)

오늘날에는 새로운 형태의 '방' 들이 쏟아져 나온다. 노래방, 전화방, 비디오방, DVD방, 게임방, 찜질방 등이 거리를 잠식해 가고 있다. 그런데 이러한 것들은 폐쇄적인 특성을 갖고 있으며, 특정한 목적이 끝나면 의미가 없어진다. 또한 닫혀 있는 그곳에는 고통이 존재하지 않는다. 오히려 고통을 잊기 위해 찾는 공간들이다. C. S. 루이스는 현대인들을 향해, 제발 유아적인 개인의 방과 폐쇄된 공간에서 나오라고 말한다. 거기에 갇혀 있기 때문에 세상이 얼마나 넓은지, 이웃이 얼마나 사랑할 만한 존재인지 알지 못한다는 것이다. 일단 그곳에서 나와야 한다. 고통은 자기만의 세계 속에 갇혀 있는 사람들에게 명징한 철퇴를 선언하여 세상으로 내쫓는 하나님의 선한 몽둥이라는 것이다. 또한 고통은 어두운 지하 공간에 내리쬐는 태양 광선이기도 하다. 이 빛을 따라 오면 환희에 찬 대지에 이르게 될 것이다.

　고통은 비로소 우리가 이웃을 향해 눈을 뜨게 한다. 나 혼자만 존재하는 것이 아니다. 나 혼자만 아픈 것이 아니다. 아픈 것은 존재의 일부분인 것이다. 이제 타인의 방으로 들어가야 한다. 꽁꽁 걸어둔 내 방의 빗장을 열고 타인의 방문을 두드려야 한다. C. S. 루이스는 고통의 진정한 의미를 알고 있었던 학자였다.

존재의 일부로서의 고통

"대부분 당하는 고통의 4/5는 인간의 죄 때문이다."(C. S. 루이스)

　그는 자신의 책에서, 죄는 하나님의 창조 질서에 거역하는 인간의 자유의지 때문에 생겨난 것이며, 인간은 왜곡된 길을 선택하였다고 말한다. 세상의 많은 고통은 인간이 뿌려놓은 인재이다. 엘리뇨 현상, 게릴라성 폭우까지도 환경을 파괴시킨 인간의 죄 때문에 발생한 것이다. 한강 오염, 식수난 같은 것도 자세히 들여다보면, 하나님의 창조의 질서를 거역한 인간이 자유의지마저 왜곡해서 사용했다는 것에 그 원인이 있다. 그런 의미에서 고통은 하나님을 거역한 인간이 받아야 할 심판이기도 하다. 최근에 소설이나 영화를 모방한 살인 사건들이 종종 보도되고 있다. 작가의 상상력과 인간의 정신을 여과 없이 작품화하다 보니 이와 같은 부작용이 생기게 된 것이다. 예술과 표현의 자유는 보장되어야 하지만 그 한계가 어디까지인지 묻지 않을 수 없다. 우리 시대의 엽기적인 살인 사건도 죄로 물든 인간의 상상력이 만든 결과라 하겠다. 그러므로 죄가 사라지지 않는 한 고통은 그림자처럼 인간을 따라다니게 될 것이다.

온전한 그리스도의 형상으로

"그리스도께서 고난을 받으신 것은 그를 믿는 자들의 고난을 없애 주시려 함이 아니오, 그들의 고통이 그리스도의 것이 되게 하려함이다."(조지 맥도널드)

루이스는 『고통의 문제』 첫 장에서 이 문장을 인용하고 있다. 나는 이 글을 보고 놀라움을 금치 못했다. 현대 크리스천들에게 있어서 기독교 신앙은 종종 어찌하든지 고통을 이기려는 데 사용되어 왔기 때문이다. 그러나 그리스도를 믿는 것은 고통을 잊기 위해서가 아니라 우리의 고통이 그리스도의 것으로 변화되기 위한 것이다. 우리는 이 전제를 더 깊이 묵상해야 한다. 주 예수를 믿음으로 내 모든 고통이 그분에게 전가되어 내가 자유를 얻게 된다고 생각하는 얕은 믿음에서 벗어나야 한다. 고통은 잊어야 하는 것이 아니다. 오히려 우리들의 너저분한 고통들이 승화되어 그리스도의 고통에 포함되어야 한다. 즉, 우리의 저급한 고통이 거룩한 그리스도의 고통으로 변화되어 그 속에서 진정한 자유를 누리는 해방과 환희를 맛볼 수 있어야 한다. 우리는 이것을 초월(transcendence)의 의미로서 받아들일 수 있을 것이다. "너희가 진리를 알지니 진리가 너희를 자유케 하리라"(요 8:32)고 하신 예수의 말씀을 다시 묵상해 본다.

고통에 직면하기

C. S. 루이스의 고통에 관한 사유는 이 시대의 문화를 새롭게 조명하였다. 우리 시대의 사람들은 고통을 다루는 예술을 상실했다. 현대인들은 수많은 정보를 가지고 있지만 정작 고통에 대해서는 문외한이다. 고통을 가할 줄은 알지만 나에게 찾아오는 고통을 다스릴 줄 모르기 때문에 때로 사회 문제가 유발되기도 한다.

C. S. 루이스에 의하면 고통에 정면 도전하고, 그 배후를 캐내어 따라갈 때 은혜의 길이 열리는 것이다. 그러나 우리 시대는 성급하고 야만스럽고 즉흥적이어서 고통을 너그럽게 다스리지 못한다. 인내의 예술을 잊어버린 시대이다.

고통을 잊으려는 사람들은 쉽게 술과 담배를 선택한다. 이에 만족하지 못하면, 마약에 손을 대기 시작한다. 또한 노래방이나 전화방을 찾기도 한다. 폐쇄된 공간 안에서 익명의 사람들과 정작 고통과는 전혀 무관한 행위를 함으로써 고통을 잊으려고 하는 것이다. 그리고 끝내 죽음을 택하는 사람들도 있다. 그러나 죽음으로도 고통은 사라지지 않고, 다만 고통당하는 자만이 고통으로 인해 사라질 뿐이다.

이러한 상황을 잘 표현한 우화가 있다. 어느 날 뱀에게 한 마리 말벌이 날아와 왱왱거리며 귀찮게 굴었다. 뱀은 있는 수를 다 써서 벌을 쫓으려 했지만 벌은 다시 날아와 뱀의 몸뚱이를 쏘려고 했다. 뱀은 구르는 바퀴에 머리를 집어넣으면 벌이 죽게 되리라는 착상을 하게 되었고, 결국 뱀은 바퀴에 깔려 죽게 되었다. 아마 벌도 죽었을지는 모르지만 자신도 파멸하게 된 것이다. 고통을 잘못 다루면

이와 같은 결과를 낳게 된다.

　현대인들은 고통을 다루는 기술(technique), 아니 고통을 잊는 기술을 잘 알고 있을지 모른다. 그러나 그보다는 고통을 다루는 예술(art)이 더 필요하다. 우리는 너무나 고통의 예술에 가난해져 있다. "고난당한 것이 내게 유익이라 이로 인하여 내가 주의 율례를 배우게 되었나이다."(시 119:71)

8 청년이여, 역설의 현장으로 돌아가라

청년이 살아야 나라가 산다

예로부터 청년은 기둥으로 여겨졌다. 젊고 싱싱한 기개가 나라의 기둥이 되리라는 희망에서다. 그리하여 동량지재(棟樑之材)라는 이름이 붙여졌다. 청기와 집 지붕을 떠받치는 서까래처럼, 서까래 떠받치는 기둥처럼 흔들리지 않고 든든하여 집 한 채가 제대로 세워지도록 제 몫을 다하는 재목을 가리켜 동량지재라 한다. 사람으로 치자면 청년에 해당한다. 청년은 집이 집으로 세워지는 데 없어서는 안될 재목이라는 것이다. 이 정신을 토대로 교육에 백년대계라는 말이 생겨나게 되었고, 여기서 '청년이 살아야 나라가 산다' 는 명제를 얻게 되었다.

다시 읽는 "해(海)에게서 소년(少年)에게"

우리 나라 신체시의 시효라고 불려지는 시, "해에게서 소년에게"는 아마도 바닷가에서 시상을 얻은 것 같다. 육당 선생이 암울한 현실 속에서 바라본 한국의 소망은 어디에 있었는가? 영원히 꿈틀거리며 육지에 부딪치는 파도를 보면서 그 해답을 찾아 낸 육당은 분명 시인임에 틀림없다. 또한 그는 역사적 상상력의 소유자였다. 그는 거센 파도의 품에 안기고, 그 속에서 파도를 다스릴 소년을 떠올린다. 육당은 격렬한 파도를 순수한 소년의 꿈 속에 존재하는 힘으로 파악한다. 민족이 헤쳐나가야 할 험한 바다는 소년의 끓어오르는 심장 앞에서 고개 숙인다. 그는 그 해변에 서서 예언자적 상상력(prophetic imagination)을 동원하여 '소년'으로 형상화된 민족의 희망을 보고 있는 것이다.

그런데 해변가에서 천진난만하게 뛰놀며 내일을 향해 달리던 그 소년들은 지금 어디에 있는가? 소년이 사라진 해변은 마치 텅 빈 놀이터처럼 을씨년스런 모습으로 남아 있다. 파도도 고개 숙이고, 영웅호걸들도 그 앞에서 무릎 꿇을 그런 소년은 지금 어디에 있는가? 그 소년들은 입시 전쟁에 시달리다 새우잠을 자고 있거나 치맛바람에 휩쓸려 어느 학원 귀퉁이에서 졸고 있을지도 모른다. 교실 붕괴를 외치며, 교실 이데아를 외치며, 무모한 혁명 전사처럼 어느 거리를 뛰어가고 있을지도 모른다.

역설(逆說)의 현실

"해에게서 소년에게"로 상징되던 기대와 희망은 어디로 갔는가. 청년들은 무한 경쟁, 정보 슈퍼하이웨이, 디지털 네크워크 시대를 어떻게 맞이하고 있는가? 역설(paradox)이다. '소년'들에게 태산같이 높은 산이나 집채같이 큰 바위마저도 두려워하지 않는 파도를 보여 주며, 온 세상이 네 것이 아니냐고 추켜세우던 그 기성 세대가 이제 와서 남긴 것은 무엇인가? 역설로 가득한 현실뿐이다. 지난 반세기 동안 기성 세대는 희대의 촌극을 연출했던 것이다. 독일 낭만파 시인 하이네(Heine)는 19세기 중엽 조국의 비참한 현실을 "독일, 겨울 동화(Deutschland, ein Winter-maerchen)"라고 시화(詩化)했다. 시인의 눈에 비친 조국의 현실이 겨울 동화에 비유된 것은 낭만적인 시풍에서 연유된 것이 아니다. 그만큼 시인은 눈물을 삼키고 있었던 것이다.

우리의 '겨울'도 그랬다. 기성 세대는 '소년'들에게 겨울 동화를 읽어 주었다. 세상에 그렇게 화려하고 멋지고 고급스러운 등장 인물은 다시없을 것이다. 권력과 돈, 암투가 어우러진 한바탕의 난장(亂場)을 청년들은 바라보아야 했다. 무수한 게이트를 열고 들어가 보면 '수석', '국장', '부장', '동생', 심지어는 '처조카', '대통령의 아들'까지 권력에 기생하며 버티고 서 있다. 그들의 이름은 이제 가히 부패 공화국을 연상시키는 일련의 키워드가 된 것이다. 조직 폭력배를 능가하는 공공 조직 내의 결탁, 야합 그리고 음모의 현장에서, 청년들은 점점 등을 돌리고 있다. 동화에나 나올 법한 이러한 이야기들이 한국 정치권의 엄연한 현실이다.

청년들은 이중의 고뇌에 휩싸인다. 기성 세대가 연출하는 참을 수 없는 촌극과, 읽기를 강요당한 엽기적인 동화 외에도 청년들을 유혹하는 수많은 함정들이 있다. 동화는 〈타잔〉이나 정글 이야기처럼 모험적인 것이 아니라, 마귀 할멈이나 팥쥐 엄마가 등장하는 이야기처럼 잔혹하고 음산하다. 기성 세대가 소년들에게 남겨 준 현실은 그래서 역설적이다. 그들은 희망을 말하면서도 희망을 남겨두지 않았던 것이다.

청년의 희망은 역설의 역설에서 시작된다

그러나 이제 새로운 역설을 바라본다. '역설의 역설'이다. 그것은 하나님 안에 있는 역설이다. 하나님의 역설은 기존의 역설을 뒤집는다. 현실적으로 암담하고 비관스럽게 보이는 사실을 뒤집어엎는다. 하나님의 역설은 그래서 인간의 눈에 기이하게 보인다. 인간의 희망이란 부조리하게 보이는 하나님의 역설에서부터 시작한다.

하나님의 역설은 약한 것을 들어 강한 것을 부끄럽게 한다. 찌그러지고 어그러진 것들을 사용하여 세상에서 멋지게 보이는 것들을 대신하게 한다. 미련한 것들을 세워 지혜롭다 하는 것들을 부끄럽게 한다. 하나님의 역설은 좁은 것을 선택하여 넓은 것들보다 더 넓게 사용하며, 작고 못생긴 것을 골라서 크고 번지르르한 것들보다 앞서게 한다. 또한 하나님의 역설은 숨막히도록 몰리는 상황에서 역전(逆轉)을 가능케 하며, 죽음의 상황을 생명으로 전환시킨다. 그러므로 하나님의 역설은 모든 불가능을 모든 가능으로 바꾸시는 절대 소망의 근원이 된다. 역설의 현실에 던져졌다고 느끼는 청년들이여. 부정과 부패, 국가적 위기 의식, 회의와 의심의 현실, 절망의 음침한 골짜기에 빠졌다고 느끼는 청년들이여. 겁내지 말고, 오히려 하나님의 역설에 몸을 맡기라. 역설의 현실을 회피하지 말고, 역설의 현장으로 돌아가라. 그곳에는 '역설의 역설'을 연출하시는 하나님이 여러분들을 기다리고 계실 것이다. 하나님의 역설로써 현실을 개혁하라.

9 사막을 일구는 사막의 불꽃

우리가 살아가고 있는 현실을 사람들은 종종 사막에 비유한다. 사막의 이미지는 잔인하도록 뜨거운 태양과 모래 바람만 불어대는 그런 황량한 땅, 비쩍 마른 선인장과 같은 것들을 떠올리게 한다. 방울뱀이나 전갈과 같이 맹독을 품은 해로운 생물체들이 서식하고 있는 사막은, 접근해서는 안 될 금지 구역처럼 생각되기도 한다. 정말 현대인들이 살아가는 현실은 그렇게 살벌한 것인가?

쌩텍쥐페리는 『어린 왕자』에서 사막을 그리고 있다. 소설 속의 주인공이 이상적인 세계를 꿈꾸는 어린 왕자를 만난 곳도 바로 사막이었다. 쌩텍쥐페리의 사막은 꿈이 있는 세계로 등장한다. 왜냐하면 사막에 밤이 내리면 낮에는 볼 수 없는 황홀경이 펼쳐지기 때문이다. 우주의 속삭임, 별들의 무도회와 같은 동화적 풍경이 그것이다. 사막에서 별을 볼 수 있는 시각은 밤이다. 척박한 땅에서 희망을 볼 수 있는 시각이 정작 깊은 밤이라는 깨달음은 사막과 같은 땅에서 살아가는 현대인들에게 생각의 전환점을 제공한다.

하나님이 이스라엘 백성들을 선택하신 곳, 앞으로 펼쳐질 미래의 세계에 하나님을 증거할 증인들을 훈련시킨 곳이 사막이었다는 것 또한 우연은 아닌 것 같다. 이스라엘의 긴 역사를 통하여 정제되고 정제된 메시지는 '하나님은 살아 계시다. 구원을 위하여 메시아를 보낼 것이다. 그는 영원히 우리와 함께 하신다.' 는 것이다. 사막은 결코 버려진 땅이 아니다. 사막에서 하나님은 자신의 사랑과 능력을 백성들에게 다시 확인시켜 주셨으며, 사람들의 피부 속까지 스며들도록 체험시키셨다. 사막은 하나님을 만나기에 최상의 조건을 가진 땅이었다. 여기서 하나님을 만나지 못한다면 그런 상황이 다시 온다한들 하나님을 발견하지 못할 것이다.

예수께서 공생애를 시작할 때 시험을 이겨내신 곳 역시 사막이었다. 하나님의 아들 예수, 아끼는 외아들 예수, 그가 인간으로 오신 것이다. 먼저 매맞고, 먼저 아픔을 체험하여 인간의 처절한 상황을 해결하려고 육신으로 오신 것이다. 사막에서 예수는 인간과 똑같이 목마르고 배고팠지만 '하나님의 말씀' 으로 이겨냈다. 그렇다. 사람은 떡으로만 사는 것이 아니다. 예수를 만난다는 것, 그를 안다는 것은 다른 말로 하자면 사막의 교훈을 우리 가운데 육화하는 것이다.

샤를르 드 푸코는 예수처럼 그들과 함께 살다가 그들에게 죽임을 당하였다. 그러나 비참하거나 절망적인 상황에 빠진 것이 아니라, 황량한 사하라 사막이 그로 인하여 오히려 불꽃처럼 타올랐던 것이다.

예수께서 하나님의 말씀으로 불타오르듯, 여호와 하나님께서 모세에게 불꽃으로 나타나시듯, 사막은 불꽃으로 여명을 맞이해야 한다. 우리가 불꽃이 되어야 한다. 사막은 결코 어둡지 않다.

* 문화 읽기를 위한 책들

* 기독교와 대중문화 이론, 비평

강영안 외. 『대중문화 더 이상 침묵할 수 없다』. 예영커뮤니케이션,
    1998.
강인중. 『대중음악 볼륨을 낮춰라』. 낮은울타리, 1999.
곽용화. 『당신은 뉴에이지와 그 음악에 대해 얼마나 알고 있습니
    까』. 낮은울타리, 1995.
기독신문사편. 『성경적인 문화 생활과 뜨거운 영성을 위한 그리스
    도인의 세상 엿보기』(개정판), 1996.
김기태. 『바로 보는 미디어 새로 쓰는 미디어』. 한국장로교출판사,
    1999.
김병종. 『기독교와 미술』. 예영커뮤니케이션, 1996.
김수흥. 『하나님이 포기하신 사람들』. 진흥, 2000.
김연섭. 『그리스도인이 본 영화 이야기』. 쿰란출판사, 2000.
김영길. 『과학으로 푸는 창조의 비밀』. 국민일보출판국, 1994.
김영한 외. 『사이버문화와 기독교 문화 전략』. 쿰란출판사, 1999.
김왕기. 『총칼 없는 전쟁 문화사역 이야기』. 예영커뮤니케이션,

1999.

김웅광. 『영혼을 오염시키는 음악들』. 국민일보출판국, 1992.

김진년. 『미래사회와 기독교 커뮤니케이션』. 성약출판사, 1999.

______. 『크리스챤 인터넷 멀티미디어』. 크리스챤다이제스트사,
　　1996.

박영호. 『뉴에이지 운동 평가 – 뉴에이지 운동 비판 시리즈 1』. 기
　　독교문서선교회, 1992.

______. 『뉴에이지와 청소년 문화 – 뉴에이지 운동 비판 시리즈 3』.
　　기독교문서선교회, 1995.

______. 『뉴에이지 운동 연구 – 뉴에이지 운동 비판 시리즈 6』. 기
　　독교문서선교회, 1992.

______. 『뉴에이지 운동과 영매술 – 뉴에이지 운동 비판 시리즈 8』.
　　기독교문서선교회, 1992.

박양식. 『분별력: 삶과 죽음을 가르는 문화』. 예영커뮤니케이션,
　　2001.

방선기. 『대중문화도 거룩해질 수 있는가』. 예영커뮤니케이션,
　　1999.

성인경. 『아담과 문화를 논할 때』. 낮은울타리, 1998.

손일락. 『마침표를 찍는 10가지 방법』. 뜨인돌출판사, 1999.

송준섭. 『현대문화와 텔레비전이라는 굴레』. 선한이웃, 1993.

신경직. 『신세대의 장벽을 허물라』. 국민일보출판국, 1996.

신국원. 『신국원의 문화이야기: 문화 전쟁 시대의 기독교 문화 전
　　략』. IVP, 2002.

신상언. 『사탄은 마침내 대중문화를』(개정판). 낮은울타리, 1992.

______. 『대중문화 최후의 유혹』. 낮은울타리, 1993.

______. 『문화사역 훈련의 기초 - 울타리 문화 교재 시리즈 1』. 낮은울타리, 1996.

______. 『백워드 매스킹』. 낮은울타리, 1997.

______. 『ROCK음악 - 십대 문화성경공부 교재 4』. 낮은울타리, 1997.

______. 『행복한 문화사역』. 낮은울타리, 1998.

안환균. 『르뽀 기독문화가 위태롭다』. 규장문화사, 1999.

양동복. 『새로운 대중음악 CCM』(개정판). 예영커뮤니케이션, 2000.

원용일. 『문화의 유혹』. 예영커뮤니케이션, 1997.

이경재. 『현대문예 비평과 신학』. 도서출판 호산, 1996.

이남윤. 『N세대 문화닷컴』. 기독신문사, 2000.

임성빈. 『현대문화의 한계를 넘어서』. 예영커뮤니케이션, 1997.

정혁현. 『영화가 재밌다 말씀이 새롭다』. 뜨인돌출판사, 1998.

조기탁. 『신발을 벗어야 하늘이 보인다 - 교회를 향한 세상의 소리』. 휴먼북스, 2000.

조현. 『록음악에 숨겨진 사탄의 계략』. 할렐루야서원, 1993.

추태화. 『크리스찬 문화시평』. 요단출판사, 1997.

______. 『기독교 영성에 비추어 문학 새롭게 읽기』. 기독교연합신문사, 1999.

______. 『상상력의 유혹: 우리 시대의 삶과 문화, 사유하고 글쓰기』. 예영커뮤니케이션, 2001.

통합연구학회. 『밀레니엄 전환기의 문화이론 - 통합연구 36』. 예영커뮤니케이션, 2000.

한인철. 『종교다원주의의 유형』. 한국기독교연구소, 2000.

마크 C. 올브렉크. 『뉴에이지 운동과 환생 - 뉴에이지 운동 비판 시리즈 7』. 기독교문서선교회, 1992.

마틴 필드. 『미디어 다스리기』. 선한이웃, 1995.

브라이언 롱허스트. 『대중음악과 사회』. 예영커뮤니케이션, 1999.

소시니 리아우. 『당신의 문화로 그리스도를 존귀케 하라』. 예수전도단, 1999.

알랜 맥도날드. 『영화 보는 즐거움 읽는 기쁨』. 선한이웃, 1995.

오스 기네스. 『무덤파기 작전 - 문화를 통한 교회 전복전략』. 낮은 울타리, 1996.

월터 마틴. 『뉴에이지 이단 운동 - 뉴에이지 운동 비판 시리즈 5』. 기독교문서선교회, 1992.

윌리엄 D. 로마노프스키. 『대중문화 전쟁』. 예영커뮤니케이션, 2001.

조지 마스덴. 『기독교적 학문 연구 @ 현대 학문 세계』. IVP, 2000.

존 골딩게이. 『선악과 이후』. 기독교연합신문사출판부, 2000.

진 E. 비이스. 『예술에 대해 성도가 가져야 할 태도 - 기독교문화 시리즈 3』. 나침반출판사, 1992.

케스린 에릭슨. 『고호의 영성과 예술』. 한국기독교연구소, 2000.

켄 마이어스. 『대중문화는 기독교의 적인가 동지인가』. 나침반출판사, 1992.

퀸틴 슐츠. 『거듭난 텔레비전』. IVP, 1995.

_____. 『미디어 시대 당신의 자녀는 안전한가?』. IVP, 1997.

한스 로크마커. 『현대예술과 문화의 죽음』. IVP, 1993.
한스 큉. 『모짜르트 음악과 신앙의 만남』. 이레서원, 2000.